배경 지식을 알면 공부가 쉬워지는

초등 사회 문해력 ②

배경지식을 알면 공부가 쉬워지는
초등 사회 문해력 2

초판 1쇄 발행 2024년 8월 20일

지은이 박하연
그린이 박선하 **감수** 김현경
펴낸이 이지은 **펴낸곳** 팜파스
기획편집 박선희
디자인 조성미
마케팅 김서희, 김민경
인쇄 케이피알커뮤니케이션

출판등록 2002년 12월 30일 제 10-2536호
주소 서울특별시 마포구 어울마당로5길 18 팜파스빌딩 2층
대표전화 02-335-3681 **팩스** 02-335-3743
홈페이지 www.pampasbook.com | blog.naver.com/pampasbook
이메일 pampasbook@naver.com

값 15,000원
ISBN 979-11-7026-663-1 (73300)

ⓒ 2024, 박하연

· 이 책에 소개한 낱말의 뜻풀이는 국립국어원의 표준국어대사전을 참고하였습니다.
· 이 책의 일부 내용을 인용하거나 발췌하려면 반드시 저작권자의 동의를 얻어야 합니다.
· 잘못된 책은 바꿔 드립니다.

배경 지식을 알면 공부가 쉬워지는

초등 사회 문해력 2

박하연 글 | 박선하 그림
김현경 감수

팜파스

어린이 친구들에게

배경지식이 왜 중요할까요?

 사회는 우리가 살아가는 세상에 대해 배우는 공부예요. 우리 생활에 대해 배우기 때문에 그야말로 살아 숨 쉬는 공부라고 할 수 있어요. 그런데 학교에서 배우는 사회는 딱딱한 설명만 나와 있고, 어려운 낱말이 수시로 나오는 과목처럼 느껴져요. 이건 모두 사회라는 공부 뒤에 자리한 배경지식이 충분하지 않아서예요. 배경지식이란 글을 잘 이해하기 위해 필요한 지식을 말해요. 배경지식을 얼마나 아는지에 따라 어떤 내용인지 이해하는 것이 달라요. 같은 글이어도 훨씬 생생해지고, 무척 흥미진진해지지요. 배경지식을 충분히 알면 사회 공부는 세상 속 흥미진진한 모습과 궁금했던 부분을 구석구석 알게 되는 가장 재미있는 공부로 돌변한답니다.

 이 책은 여러분에게 우리 사회에 대한 이야기를 들려주며 배경지식을 쌓을 수 있도록 도와주어요. 이를 통해 사회 공부를 더욱 쉽고 재미있게 하도록 이끌어 주지요. 먼저, 배경지식을 쌓을 수 있는 재미있는 글을 읽어 보세요. 글은 2쪽 분량으로 되어 있어 여러분이 글을 읽는 호흡을 늘려 주면서, 동시에 쉽고 편하게 사회 공부에 필요한 배경지식을 전해 줄 거랍니다.

 지구에서 난생 처음 사회 공부를 시작한 외계인 두두와 민재의 좌충우돌 학습

　툰은 여러분의 사회 공부에 유쾌한 길동무가 되어 줄 거예요. 글에 등장한 어려운 낱말 뜻을 읽어 보고, 겉만 읽는 가짜 읽기가 아닌 내용을 읽는 진짜 읽기를 위한 문제풀이를 해 보아요. 그런 다음 문장력을 키워 주는 한 줄 글쓰기로 문해력을 다져요. 이 같은 과정으로 배경지식을 탄탄하게 쌓아 놓는다면, 이제부터 사회는 여러분이 가장 자신 있어 하고 기다려지는 공부가 될 거랍니다. 여러분은 혼자가 아니에요. 외계 친구 두두랑 민재와 함께 사회 문해력을 쌓는 여행을 떠나 보아요!

박하연

차례

어린이 친구들에게 배경지식이 왜 중요할까요? • 4

1장 나라를 이루고 세계화 시대로 나아갑니다

배경지식 쌓는 사회 이야기 01 인간 사회에서 나라는 어떻게 생겨났을까요? • 12

배경지식 쌓는 사회 이야기 02 오늘날 나라에는 세 가지가 필요해요 • 17

배경지식 쌓는 사회 이야기 03 세계는 어떤 나라들이 있을까요? • 22

배경지식 쌓는 사회 이야기 04 국제 사회를 이끄는 기구들이 나타났어요 • 27

배경지식 쌓는 사회 이야기 05 문화를 이루고 문화유산으로 남겨 주어요 • 32

배경지식 쌓는 사회 이야기 06 도시가 발달하면서 다양한 갈등과 문제도 생겨납니다 • 37

▌ 더 깊은 배경지식을 위해 알아야 하는 세계 고대 문명 • 42

2장 우리나라의 지리에 대해 살펴보아요

배경지식 쌓는 사회 이야기 07 지구의 위치는 위도와 경도로 표시합니다 • 46

배경지식 쌓는 사회 이야기 08 우리 주변에는 어떤 나라가 있을까요? • 51

배경지식 쌓는 사회 이야기 09 우리나라의 산맥과 강, 평야에 대해 알아보아요 • 56

배경지식 쌓는 사회 이야기 10 위도에 따라 기후가 달라져요 • 61

배경지식 쌓는 사회 이야기 11 우리나라는 대륙성 기후가 나타나고 계절풍이 불어요 • 66

배경지식 쌓는 사회 이야기 12 환경오염과 기후 위기로 인해 자연재해가 심해져요 • 71

▌ 더 깊은 배경지식을 위해 알아야 하는 우리나라의 공업 지역 • 76

3장 우리나라의 경제에 대해 살펴보아요

배경지식 쌓는 사회 이야기 13 경제는 우리 사회를 뒷받침하는 중요한 활동이에요 • 80

배경지식 쌓는 사회 이야기 14 보이지 않는 손이 가격을 만든다고요? • 85

배경지식 쌓는 사회 이야기 15 물건은 유통을 거쳐 소비자에게 와요 • 90

배경지식 쌓는 사회 이야기 16 마케팅과 광고로 더 많은 물건을 사게 돼요 • 95

배경지식 쌓는 사회 이야기 17 가계, 기업, 정부, 이 셋이 경제를 움직여요 • 100

배경지식 쌓는 사회 이야기 18 과학 기술로 네 번의 산업 혁명이 일어났습니다 • 105

▶ 더 깊은 배경지식을 위해 알아야 하는 자본주의와 공산주의 • 110

 ## 4장 우리나라 정치에 대해 살펴보아요

배경지식 쌓는 사회 이야기 19 우리나라의 행정 구역을 알아보아요 • 114

배경지식 쌓는 사회 이야기 20 인권에 대해 알아보아요 • 119

배경지식 쌓는 사회 이야기 21 민주주의는 무엇일까요? • 124

배경지식 쌓는 사회 이야기 22 법과 법치주의에 대해 알아보아요 • 129

배경지식 쌓는 사회 이야기 23 삼권분립에 대해 알아보아요 • 134

배경지식 쌓는 사회 이야기 24 선거에는 중요한 네 가지 원칙이 있습니다 • 139

▶ 더 깊은 배경지식을 위해 알아야 하는 민주주의와 정치 제도 • 144

정답지 • 146

등장인물

2년 전 #^&8$별에서 지구로 불시착한 외계인. 보름달이 뜬 밤, 우연히 두두를 구해 준 민재네 집에서 2년째 체류 중. 행성 탐사 임무를 수행할 겸 돌아갈 우주선을 고칠 동안 인간 사회를 알아보기로 한다. 그런데 인간 사회는 어째 알면 알수록 재미있는 것들이 고구마 덩굴처럼 주렁주렁 딸려 나오는 걸까? 이번에는 더 넓은 세계로 나아가 사회를 알아본다!

특징 먹을 것을 아주 좋아한다. 토끼처럼 두 귀가 길어 보이지만 실은 귀가 아니라 마음의 소리를 보내는 안테나다. 두두네 별에서는 말하지 않아도 이 안테나로 하고 싶은 말을 전할 수 있다. 하지만 안테나가 없는 지구인과는? 손을 잡아야 마음의 소리가 전달된다. 입이 없고 배 주머니가 있어 음식을 먹을 때 배가 꿀럭꿀럭 움직인다.

김민재

햇살 초등학교 5학년.
3학년 때 추석날 송편을 두둑이 먹고 달구경을 나왔다가 불시착한 두두를 발견했다. 지구를 탐사하고 싶다는 두두에게 어쩌다 보니 2년째 인간 사회를 알려 주는 중. 두두와 함께 사회 곳곳의 이야기를 읽고 이해하다 보니 어느새 배경지식이 탄탄히 쌓인 척척박사 초등생으로 거듭나고 있다!

민재 아빠

어쩌다 보니 두두와 민재에게 2년째 사회 공부를 알려 주게 되는데…

인간 사회가 발전하면서 전 세계 곳곳에는 다양한 나라들이 생겨났고, 서로 힘을 모으거나 다투면서 오늘날의 모습에 이르렀습니다. 과학 기술의 발달은 나라끼리 교류하는 것을 더욱 빠르고 긴밀하게 만들어 주었지요. 바야흐로 '세계화 시대'가 열리게 된 것입니다.

1장

나라를 이루고 세계화 시대로 나아갑니다

배경지식을 쌓는 사회 이야기
인간 사회에서 나라는 어떻게 생겨났을까요?

약 20만 년 전, 아프리카에 현재 인간과 같은 종(種)인 '호모 사피엔스'가 나타났습니다. 당시 인간은 다른 동물과 별다른 차이가 없었어요. 원시 시대에 인간은 다른 야생 동물들처럼 자연에서 먹이를 잡아 살아갔습니다. 그러다 우연히 산불과 벼락에서 생겨난 불을 발견했어요. 불을 발견한 인간은 불로 음식을 익혀 먹고, 추위를 피하고, 자신을 공격하는 야생 동물을 내쫓을 수 있었어요. 더 안전하게 생활할 수 있게 된 인간은 여러 지역에 정착해 작물을 키워 식량을 만들었습니다. 그렇게 해서 구석기 시대의 채집 수렵 사회에서 벗어나 신석기 시대의 농경 사회를 이루게 됩니다.

많은 사람들이 모여 살자 자연스럽게 서로 교류하게 되었어요. 인간은 다른 동물들과 달리 언어로 소통하면서 지식을 나눌 수 있었고, 문화를 발전시켜 나갈 수 있었지요. 이러한 능력으로 인해 인간은 다른 동물들보다 더 크고 복잡한 사회를 만들 수 있었습니다. 처음에 가족 단위로 모여 살던 때에는 계급도 없고 평등한 사회를 이루었습니다. 그러다 시간이 흐를수록 다른 씨족들과 합쳐져 언어, 문화, 전통을 함께하는 집단으로 점점 커졌습니다. 이러한 집단을 '부족'이라고 해요.

이후 인간은 구리와 주석 혹은 아연을 합친 금속인 청동을 만들어 냈습니다. 청동으로 더 좋은 도구와 무기를 사용할 수 있었습니다. 이것을 '청동기(青銅器)'라고 합니다. 사람들은 청동기를 써서 이전보다 훨씬 많은 식량을 만들고, 전투에서 이길 수 있었어요.

청동기 시대에는 벼농사가 시작되면서 식량이 더 크게 늘어나 사람들이 먹고도 남게 되었습니다. 이렇게 남은 식량을 '잉여 식량'이라고 합니다. 이 잉여 식량들이 많고 적음에 따라 부유한 자와 가난한 자가 생겨났습니다. 그러면서 점차 사회는 불평등해졌습니다. 권력으로 사람들을 부리는 지배층이 나타나며 계급이 생겼습니다. 다시 말해, 잉여 식량으로 개인이 자유롭게 쓸 수 있는 재산인 사유 재산(私有財産)이 생기면서 빈부 격차가 벌어졌습니다. 그리고 이를 바탕으로 지배층이 나타나 피지배층을 다스리는 계급 사회가 된 것입니다.

이에 따라 청동기 사회에는 사람들을 이끄는 우두머리, 즉 '군장(君長)'의 힘이 중요해졌어요. 군장은 권력을 가지며 사람들을 다스리는 정치를 맡았어요. 군장의 권력이 강해지면서 나라를 이루게 되는데, 이를 '군장 국가'라고 합니다.

우리나라에서도 청동기 문화가 발전하면서 국가가 생겨났습니다. 한반도에 나타난 최초의 국가 '고조선'이 바로 군장 국가입니다. 우리는 우리나라 건국 신화인 '단군 신화'로 고조선을 잘 알고 있습니다. 기원전 2333년 단군왕검이 고조선을 세웠습니다. 여기서 단군왕검은 한 사람의 이름이 아니라 정치를 이끄는 지배자이자 제사를 관장하는 종교 지도자를 부르는 명칭입니다. 단군 신화를 보면 고조선이 독립 국가이고 우리 민족이 독립성을 지녔다는 것을 알 수 있습니다.

고조선이 멸망한 이후에는 철로 만든 도구, 즉 철기를 쓰는 시대가 시작됩니다. 이 시기에 부여, 옥저, 동예, 삼한이라는 작은 나라들이 등장합니다. 이후 작은 국가들은 다른 국가와 통일되어 하나의 소속감을 지닌 '고대 국가'로 나아갑니다. 우리나라에서는 고구려, 백제, 신라를 최초의 고대 국가로 보고 있습니다.

고대 국가는 왕이 나라를 다스리며, 계급이 더 세세하게 나뉘었습니다. 왕은 강한 권력으로 나라를 지배했습니다. 한반도에는 고구려, 백제, 신라 이후에도 가야, 발해, 고려, 조선까지 오랜 세월에 걸쳐 나라들이 세워졌다 멸망하기를 반복했습니다. 그리고 지금 대한민국이라는 나라에 이르렀습니다. 우리가 살아가는 세상은 가족끼리 모여 살던 원시 사회에서 군장 국가를 거쳐 고대 국가를 이룩했다가 오랜 세월을 거쳐 현대 국가에 이르게 된 것입니다.

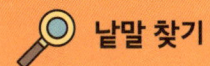

두두야. 잘 봐,
이 낱말들을 알면 더 쉽게 이해돼!

- ★ **종** : 생물을 나눈 분류의 기초 단위다. 인간은 '사람종(호모 사피엔스)'에 속한다.
- ★ **구석기 시대** : 인류가 돌을 깨서 만든 뗀석기를 쓰던 시대. 대략 70만 년에서 1만 년 전을 말한다.
- ★ **채집 수렵** : 농사를 짓거나 가축을 기르지 않고 자연에서 먹을 것을 구하는 형태.
- ★ **신석기 시대** : 구석기 시대 다음부터 금속기 시대 전까지의 시대로, 농경과 목축이 시작되었다. 약 1만 년 전에서 기원전 3000년 무렵까지를 말한다.
- ★ **소통** : 뜻이 잘 통한다.
- ★ **씨족** : 공동의 조상을 두어 혈연 관계로 이어진 공동체. 원시 부족 사회의 기초 단위다.
- ★ **사유 재산** : 개인이 자유롭게 소유하고 쓸 수 있는 재산.
- ★ **기원전** : 예수가 태어난 해 이전을 말한다. 영어로는 BC(Before Christ)라고 표기한다. 서양 기독교 문화권에서 나온 연대 표기 기준이다. 예수가 태어난 이후부터는 기원후라고 말하며 영어로는 AD(Anno Domini)라고 표기한다.
- ★ **건국** : 나라를 세움.
- ★ **신화** : 고대인의 생각과 상상이 들어간 신성한 이야기. 주로 민족, 나라의 탄생이나 영웅, 우주에 관한 이야기다.
- ★ **고대** : 원시 시대 이후부터 중세 시대까지의 사이를 말한다. 우리나라의 경우, 고조선부터 통일 신라 시대까지를 이른다.
- ★ **멸망** : 망해서 사라짐.

📋 **두두에게 이 낱말을 설명해 주세요.**

두두야, **'기원전'**이라는 말은

> 오, 근데 잠깐만!
> 인간, '기원전'이라는 말은
> 무슨 뜻이라고 했지?

 **진짜 읽기** 글을 잘 읽고 이해했는지 확인해 봅시다.
문제를 풀며 글을 한 번 더 찬찬히 읽어 보세요!

1. 이 글에서 나타난 인간 사회의 변화 순서로 알맞은 것은 무엇일까요?

   ① 부족-가족-군장 국가-고대 국가

   ② 구석기-신석기-철기-청동기

   ③ 농경-채집 수렵-평등-계급

   ④ 구석기-신석기-청동기-철기

2. 이 글에서 알 수 있는 내용 중 알맞지 않은 부분은 무엇일까요?

   ① 인간 사회는 평등했다가 잉여 식량으로 인해 불평등이 생겼다.

   ② 우리나라에서는 철기 문화의 발전으로 국가가 탄생했다.

   ③ 단군왕검은 정치와 종교를 이끄는 지도자다.

   ④ 작은 나라들이 통합되면서 고대 국가로 나아갔다.

3. 한반도에서 나타난 옛 나라들의 변천사에 대해 다음 빈칸을 채워 넣으세요.

   한반도에 생긴 최초의 ☐ 인 고조선은 ☐ 이라는 군장이 이끌었습니다. 이후 고조선이 멸망하고 ☐ , ☐ , ☐ 과 같은 작은 나라들이 생기고, 이 나라들이 서로 합쳐지면서 고대 국가가 탄생합니다. 고대 국가로는 ☐ , ☐ , ☐ 가 있습니다.

✎ **한 줄 글쓰기!**

'단군 신화'에 대한 내용을 조사해 간략하게 소개해 주세요.

배경지식을 쌓는 사회 이야기
오늘날 나라에는 세 가지가 필요해요

나라는 또 다른 말로 '국가'라고 합니다. 세계 곳곳에서 수많은 나라가 세워지고 또 사라져 갔습니다. 많은 나라들이 자신만의 찬란한 역사와 문화를 남겼지요. 무수한 나라들이 생겼다 멸망하는 기나긴 역사가 흐르며 지금의 나라들이 있게 된 것입니다.

지금 시대를 뜻하는 말을 '현대'라고 합니다. 현대 국가 중에는 여전히 왕이 다스리는 나라도 있습니다. 우리나라와 같이 국민이 직접 뽑은 대통령이 나라를 운영하는 국가도 있지요. 섬들이 모여 만들어진 국가도 있고, 도시 하나뿐인 국가도 있습니다. 그 예로 싱가포르는 대표적인 도시 국가입니다. 그런데 왜 어떤 도시는 국가이고, 어떤 도시는 국가가 아닐까요? 아무 지역이나 국가라고 선언하면 그만일까요? 그렇지 않습니다. 국가가 되기 위해서는 세 가지 요소가 필요합니다.

첫째는 바로 '주권'입니다. 주권은 국가가 그 나라의 의사를 스스로 결정할 수 있는 권리를 말합니다. 다른 어떤 나라에도 지배되지 않고 그 나라 스스로 의사 결정을 할 수 있는 권리를 뜻하지요. 즉 주권이 있다는 것은 그 국가가 독립적으로 존재한다는 것을 의미합니다. 또한 국가가 자기 나라를 통치할 수 있는 권력 그 자체를 뜻하기도 합니다. 우리나라는 국민들의 의사를 모아 스스로 결정하는 민주주의 국가입니다.

둘째는 바로 '영토'입니다. 영토는 국가가 가진 땅을 뜻합니다. 나라의 주권이 발휘될 수 있는 범위의 땅을 그 나라의 영토라고 합니다. 영토는 땅을 뜻하지만, 한 국가의 영토에는 바다와 하늘도 들어갑니다. 국가의 통치력이 닿는 바다를 '영해'라고 하고, 하늘은 '영공'이라고 합니다. 영토를 둘러싼 주변의 바다가 영해이고, 영토와 영해의 하늘이 영공이 됩니다. 그렇기 때문에 국가가 보유한 영역에서 가장 중심이 되는 것은 바로 땅인 영토라고 할 수 있습니다. 영토는 그 나라의 국민이 살아갈 터전이며, 주권과 국제 관계에도 아주 큰 영향을 미칩니다. 일례로 우리나라는 영해를 통해 바닷길로 나아가 다양한 나라와 무역을 하기에 좋습니다. 영토에서 난 자원은 그 나라의 것이 되며 바다 역시 마찬가지입니다. 우리나라는 한반도라는 국토를 가지고, 동해, 서해, 남해라는 영해를 가지고 있습니다. 또한 우리나라의 영토와 영해의 하늘은 바로 우리나라의 영공입니다.

마지막으로 국가가 되기 위한 요소는 바로 '국민'입니다. 국민은 국가를 구성하는 사람을 말합니다. 국민은 어디에 있든지 상관없이 나라의 보호를 받고 나라를 운영하는 데 참여할 수 있습니다. 또 자기 나라의 법을 준수하고 지켜야 할 의무가 있습니다. 헌법에는 국민이 지켜야 할 기본적인 의무를 정해 두었는데, 우리나라는 4대 의무가 있습니다.

먼저 '국방의 의무'가 있습니다. 우리나라는 전쟁을 멈춘 상태인 휴전국이므로 국민은 나라를 지킬 의무가 있습니다. 또한 나라를 운영하는 데 필요한 경비를 세금으로 내는 '납세의 의무'가 있습니다. 다음으로는 초등 교육과 법에서 정한 교육을 받게 할 '교육의 의무'가 있습니다. 또한 근로를 할 '근로의 의무'가 있습니다. 이중 교육과 근로는 의무이자 권리입니다. 우리나라는 약 5천만 명이 살고 있고, 국민은 대한민국이라는 국적을 가집니다.

오늘날 국가는 그 국가를 구성할 국민들이 있고, 그 국민들이 살 영토가 있어야 합니다. 또한 그 국민들이 의사를 모아 국가의 의사 결정을 내릴 주권이 있어야 합니다. 이중 하나라도 없다면 국가로서 존재할 수 없습니다.

 **낱말 찾기**

두두야. 잘 봐, 이 낱말들을 알면 더 쉽게 이해돼!

- ★ **역사** : 시간의 흐름에 따른 인간 사회의 변화와 흥망에 대해 기록한 것.
- ★ **문화** : 사회 구성원들이 습득해 함께 이용하다 전달되는 행동 양식, 혹은 물질적이거나 정신적인 소득을 일컫는 말.
- ★ **대통령** : 국가를 대표하는 국가 원수를 말하며, 우리나라는 행정부를 운영하는 권한을 가진다.
- ★ **요소** : 어떤 것이 성립하려면 꼭 필요한 근본적인 조건.
- ★ **민주주의** : 국민이 권력을 가지고 그 권력을 스스로 행사하는 제도. 혹은 그러한 사상.
- ★ **구성** : 몇몇 부분이나 요소를 모아서 전체를 만듦.
- ★ **의사** : 무엇을 하고자 하는 생각.
- ★ **의무** : 마땅히 해야 할 일.

📋 **두두에게 이 낱말을 설명해 주세요.**

두두야, '**문화**'라는 말은

오, 근데 잠깐만! 인간, '문화'라는 말은 무슨 뜻이라고 했지?

 **진짜 읽기**   글을 잘 읽고 이해했는지 확인해 봅시다.
문제를 풀며 글을 한 번 더 찬찬히 읽어 보세요!

1. 이 글에서 말한 '국민'에 대한 내용이 아닌 것은 무엇일까요?

    ① 그 나라에 살고 있어서 그 나라를 구성하는 사람을 말한다.

    ② 우리나라는 헌법에 국민의 의무를 규정해 두었다.

    ③ 국민은 국가의 보호를 받을 권리가 있다.

    ④ 초등 교육과 법에서 지정한 교육을 받는 것은 국민의 의무이자 권리이다.

2. 이 글에서 말한 '영토'에 대한 내용 중 맞는 것은 무엇일까요?

    ① 국가의 통치력이 닿는 땅과 바다를 칭한다.

    ② 영해에서 난 자원은 그 나라의 것이 아니다.

    ③ 영공은 국제 사회가 함께 쓴다.

    ④ 영토에서는 그 나라의 주권이 발휘되므로 국제 관계에서 아주 중요하다.

3. 국가의 3요소에 대해 다음 빈칸을 채워 넣으세요.

    오늘날 국가가 되기 위해서는 세 가지가 필요한데, 바로 ⬚, ⬚, ⬚ 입니다. 이중 국민은 4대 의무가 있습니다. 바로 ⬚, ⬚, ⬚, ⬚ 입니다.

◆ 한 줄 글쓰기!

   만일 나라가 사라질 경우에 어떤 일이 일어날까요? 이에 대한 생각을 적어 보세요.

배경지식을 쌓는 사회 이야기
세계는 어떤 나라들이 있을까요?

03

지구에 있는 인간 사회를 통틀어 '세계'라고 합니다. 인류는 오랜 시간 동안 지구 곳곳으로 이동하며 수많은 나라를 세우고 통합하고 멸망하기를 거듭했습니다. 이러한 과정 끝에 오늘날 전 세계에는 약 200여 개의 나라가 있습니다.

지구의 지리를 살펴보면 커다란 땅덩어리가 6개 있고, 너른 바다가 5개 있습니다. 이것을 '5대양 6대륙'이라고 합니다. 대륙(大陸)은 말 그대로 큰 땅덩어리를 말합니다. 6대륙은 아시아, 유럽, 아프리카, 오세아니아, 북아메리카, 남아메리카입니다. 세계의 나라들은 이 여섯 대륙 위에 자리합니다. 최근에는 사람이 살지는 않지만 지리적으로 대륙인 남극까지 합쳐서 '5대양 7대륙'이라고도 이야기합니다.

남극을 뺀 6대륙을 하나씩 살펴볼까요? 아시아는 세계 육지의 30%에 달하는 가장 큰 면적을 차지하는 대륙입니다. 면적이 넓은 만큼 사람들도 매우 많이 살고 있습니다. 지구 전체 인구의 약 60%가 아시아에 살고 있습니다. 문화와 풍습이 다양하고, 자연환경이 다채롭습니다. 아시아에는 대한민국, 중국, 일본, 인도, 동남아시아 국가 등이 있습니다.

유럽은 아시아와 이어진 유라시아 대륙의 북서부에 있습니다. 유럽 대륙에는 50개의 나라들이 있어 인구도 많은 편입니다. 유럽은 서양 문화를 꽃피운 곳이며 역사와 전통을 자랑하는 나라들이 많습니다. 또한 산업 혁명을 일으켜 경제와 산업이 발달했습니다. 유럽에는 프랑스, 영국, 이탈리아, 스페인, 오스트리아, 덴마크, 그리스 등이 있습니다.

아프리카는 아시아 다음으로 넓은 땅을 가진 대륙입니다. 아프리카 대륙은 적도를 지나기 때문에 더운 기후가 나타납니다. 고대 문명 중 하나인 이집트 문명을 꽃피운 곳이며 다양한 민족이 살고 있습니다. 또한 금, 다이아몬드 같은 지하자원이 풍부한 땅입니다. 그러나 16세기부터 제국주의 국가들이 침범해 식민지가 되기도 했었지요. 당시 서구 열강들이 마음대로 그어 버린 국경선으로 인해 지금까지도 분쟁과 전쟁이 끊이지 않는 슬픈 역사를 가지고 있습니다. 아프리카 나라로는 알제리, 이집트, 케냐, 소말리아, 남아프리카 공화국 등이 있습니다.

북아메리카는 북반구에 있으며 아래쪽으로는 남아메리카와 이어집니다. 아메리카 대륙은 1492년 콜럼버스가 배를 타고 항해하다 발견했습니다. 새로운 대륙이라는 의미로 '신대륙'이라 불렸고 원래 아메리카 대륙에 살던 사람들은 '인디언'이라고 불렸습니다. 유럽에서 많은 사람들이 이곳으로 이주해 왔고, 오늘날에는 다양한 인종이 살고 있습니다. 북아메리카에는 미국, 캐나다, 북쪽의 그린란드가 있습니다. 남아메리카를 잇는 지역을 중앙아메리카라고 하며 멕시코, 과테말라, 파나마 등이 있습니다. 남아메리카는 대부분 남반구에 있으며 콜럼버스가 발견하기 전부터 마야 문명, 잉카 문명, 아즈텍 문명과 같은 독자적인 고대 문명을 꽃피운 대륙입니다. 브라질, 에콰도르, 아르헨티나, 칠레 등이 있습니다.

오세아니아는 남반구에 위치한 대륙으로 오스트레일리아(호주)와 뉴질랜드, 그리고 남태평양의 섬들로 구성되어 있습니다. 서로 이어진 다른 대륙들과 달리, 오세아니아는 따로 떨어져 있어 독특한 동물과 식물, 자연환경을 볼 수 있습니다. 자원이 풍부하고 목축업이 발달했습니다.

지구의 70%를 차지하는 바다는 사실 하나로 이어져 있습니다. 그러나 이 6대륙을 기준으로 구획을 나누어 크고 넓은 바다를 5개 꼽아 이야기합니다. 이를 5개의 큰 바다라는 뜻으로 5대양(五大洋)이라고 합니다. 5대양은 태평양, 대서양, 인도양, 북극해, 남극해가 있습니다.

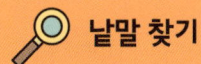 **낱말 찾기**

두두야. 잘 봐,
이 낱말들을 알면 더 쉽게 이해돼!

- ★ **통합** : 둘 이상의 조직이나 기구를 하나로 합침.
- ★ **지리** : 어떤 곳의 지형이나 길 따위의 상태.
- ★ **면적** : 평면 공간을 차지하는 넓이의 크기.
- ★ **북서부** : 북쪽과 서쪽 사이에 위치한 공간.
- ★ **산업 혁명** : 18세기 중반에 영국에서 생산 기술의 혁신이 일어나 이후 약 100년간 사회, 경제 구조가 급격하게 변화한 것을 일컫는 말이다.
- ★ **적도** : 위도의 기준이며, 지구의 남북 양 끝에서 같은 거리에 있는 지구 표면의 점을 이은 선이다.
- ★ **지하자원** : 땅속에 묻힌 자원으로 철, 석탄과 같은 인간 생활에 도움을 주는 광산물이다.
- ★ **제국주의** : 막강한 군사력과 경제력으로 다른 나라나 민족을 침략해 거대한 나라를 만들려는 경향.
- ★ **식민지** : 정치, 경제적으로 다른 국가에 지배되어 주권을 상실한 나라.
- ★ **열강** : 여러 강한 나라.
- ★ **북반구** : 적도를 경계로 지구를 둘로 나뉘었을 때 북쪽 부분.
- ★ **남반구** : 적도를 경계로 지구를 둘로 나뉘었을 때 남쪽 부분.
- ★ **이주** : 본래 살던 곳에서 다른 지역으로 옮겨서 정착함.
- ★ **문명** : 인류가 이룩한 물질, 기술, 사회적인 발전을 말한다.
- ★ **목축업** : 가축을 많이 길러 내는 일.

📋 **두두에게 이 낱말을 설명해 주세요.**

두두야, **'제국주의'**라는 말은

> 오, 근데 잠깐만!
> 인간, '제국주의'라는 말은 무슨 뜻이라고 했지?

 **진짜 읽기**

글을 잘 읽고 이해했는지 확인해 봅시다.
문제를 풀며 글을 한 번 더 찬찬히 읽어 보세요!

1. 이 글을 읽고 다음 설명에 해당하는 것은 무엇일까요?

   > 지구에서 두 번째로 넓은 대륙으로, 고대 문명 중 하나를 꽃피운 대륙입니다. 다양한 민족들이 함께 살고 있으나 제국주의로 인해 지금까지도 분쟁과 전쟁이 끊이지 않습니다.

   ① 신대륙 ② 유럽
   ③ 아프리카 ④ 아메리카

2. 이 글의 내용을 잘 이해한 사람을 모두 찾아봅시다.

   ① 민찬 "사람은 살지 않지만 지리적으로 보면 남극도 넓은 땅이니까 대륙이야."
   ② 영주 "서양 문화는 미국이 있는 아메리카가 제일 유명해."
   ③ 세희 "아프리카는 찬란한 문명의 발상지인데 제국주의로 인한 역사가 무척 안타까워."
   ④ 석현 "아시아는 면적이 제일 넓지만 사람은 별로 살지 않는 것 같아."

3. 5대양 6대륙에 대한 설명으로, 다음 빈칸을 채워 넣으세요.

   아메리카는 1492년 _____ 가 항해하다 발견해 _____ 으로 불렸습니다. 원래부터 그곳에 살던 원주민을 _____ 이라고 불렀으며 지리적으로는 북아메리카, _____, 남아메리카로 분류됩니다. 이중 남아메리카에는 _____, _____, _____ 과 같은 독자적인 문명이 있었습니다.

✏️ **한 줄 글쓰기!**

전 세계에서 가고 싶은 대륙은 어느 곳인가요? 이유도 소개해 주세요.

배경지식을 쌓는 사회 이야기
국제 사회를 이끄는 기구들이 나타났어요

04

인류는 오랜 시간 동안 세계 곳곳에서 수많은 민족들이 나라를 세우고 문화를 가지고 살아왔습니다. 서로 자신의 나라를 더욱 부강하게 키우고, 영토를 넓히기 위해 많은 전쟁을 치르기도 했습니다. 그러다 1900년대에 들어서 두 차례 큰 세계 대전을 치르게 됩니다. 바로 제1차 세계 대전과 제2차 세계 대전입니다.

강대국들의 식민지 경쟁으로 벌어진 제1차 세계 대전과 나치 독일의 야망으로 일어난 제2차 세계 대전으로 세계 전역은 참혹한 전쟁터가 되었습니다. 수많은 나라들이 전쟁에 참전했고 무수한 사람들이 죽고 인간 사회는 황폐해졌습니다. 특히 제2차 세계 대전은 '홀로코스트'라는 끔찍한 전쟁 범죄가 벌어졌습니다. 홀로코스트는 제2차 세계 대전에서 나치 독일이 유대인들을 학살한 사건을 말합니다.

세계 대전으로 막대한 피해를 입은 나라들은 더 이상 끔찍한 전쟁을 멈추고 인류의 평화를 위해 서로 논의해야 한다고 여겼습니다. 그리고 이러한 일을 하기 위한 국제기구들을 만들었습니다.

대표적인 국제기구로는 바로 '국제 연합(United Nations, UN)' 즉 '유엔'이 있습니다. 유엔은 제2차 세계 대전을 계기로 1945년에 만들어진 국제기구입니다. 무려 193개국이 유엔에 가입해 있으며, 세계 평화를 위한 여러 활동을 합니다. 세계 곳곳에 일어나는 분쟁을 막기 위해 군대를 파견하거나 경제적인 지원을 하는 등 많은 활약을 펼칩니다.

또 다른 국제기구로는 '세계 보건 기구(World Health Organization, WHO)'가 있습니다. 세계 보건 기구는 세계 시민들의 건강을 유지하고 위생적인 생활을 할 수 있게

끔 노력합니다. 다양한 유행병과 질병을 막기 위한 활동을 합니다.

'국제 연합 아동 기금(United Nations Children's Fund, UNICEF)'은 약칭인 유니세프로 불리기도 합니다. 전 세계에 있는 가난한 나라에서 굶주림으로 고통받는 어린이들을 돕기 위한 기구입니다. 기아에 시달리는 어린이를 구하기 위한 긴급 구호 활동과 아동 인권을 위한 활동을 합니다. 우리나라 역시 1950년부터 43년간 유니세프의 도움을 받다가 이제는 유니세프에 도움을 주는 나라로 활동합니다.

'세계 식량 농업 기구(Food and Agriculture Organization of the United Nations, FAO)'는 이름처럼, 전 세계 인구들이 먹을 식량이 부족하지 않도록 충분히 생산하게끔 돕는 일을 합니다. 또한 국제기구인 '세계 식량 계획(World Food Program, WFP)'과 함께, 식량이 부족한 나라에 식량을 잘 배분하도록 돕는 일을 합니다.

세계 대전으로 무너진 것은 건물과 도시만이 아닙니다. 소중한 문화유산과 교육도 파괴되었습니다. 이를 지키기 위해 출범한 국제기구도 있습니다. 바로 '유네스코(United Nations Educational, Scientific and Cultural Organization, UNESCO)'입니다. 공식 명칭은 '유엔 교육 과학 문화 기구'로 1946년에 만들어졌습니다. 교육 시설이 부족한 나라에 교육 시설과 기술을 전파하고 가치 있는 문화유산을 보존합니다. 또한 전 세계의 과학 기술을 교류해 더 창의적인 과학을 이끌어 내는 일을 합니다.

국제기구는 역할에 따라 2000개가 넘는 기구가 있습니다. 오늘날 세계는 정보 통신 기술이 발달하면서 더욱더 긴밀하게 연결되고 있습니다. 그에 따라 국제기구의 역할이 점점 중요해지고 있습니다. 국제기구는 전 세계인이 평화로운 세상에서 행복하고 인간다운 삶을 살 수 있게끔 활약하고 있습니다.

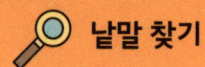 **낱말 찾기**

두두야. 잘 봐,
이 낱말들을 알면 더 쉽게 이해돼!

- ★ **강대국** : 군사력, 경제력이 강해 힘이 센 나라.
- ★ **전역** : 어느 지역의 전체.
- ★ **학살** : 가혹하게 마구 죽임.
- ★ **국제기구** : 여러 나라와 관계된 목적이나 활동을 위해 다수의 회원국들로 구성된 조직체.
- ★ **분쟁** : 말썽을 일으켜 시끄럽게 다툼.
- ★ **파견** : 일정한 임무를 주어 사람을 보냄.
- ★ **기아** : 먹을 것이 없어서 굶주리는 것.
- ★ **인권** : 인간이면 당연히 가지는 기본 권리.
- ★ **출범** : 어떤 단체가 조직되어 일을 시작하는 것을 비유적으로 칭하는 말.
- ★ **인재** : 어떤 일을 할 수 있는 능력을 갖춘 사람.

📋 **두두에게 이 낱말을 설명해 주세요.**

두두야, '**국제기구**'라는 말은

오, 근데 잠깐만!
인간, '국제기구'라는 말은 무슨 뜻이라고 했지?

 **진짜 읽기** 글을 잘 읽고 이해했는지 확인해 봅시다.
문제를 풀며 글을 한 번 더 찬찬히 읽어 보세요!

1. 2번째 문단의 제목을 붙인다면 무엇이 알맞을까요?

   ① 1차, 2차 세계대전의 발발
   ② 전쟁으로 인한 국제기구의 출현
   ③ UN의 정의와 소개
   ④ 다양한 국제기구의 역할

2. 이 글을 읽고 다음 설명에 해당하는 것은 무엇일까요?

   > 전 세계에 있는 가난한 나라에서 기아로 고통받는 어린이를 돕기 위해 출범한 국제기구로 아동의 인권을 지키기 위한 활동과 긴급 구호 활동을 펼칩니다.

   ① 세계 식량 농업 기구   ② 유네스코
   ③ 유니세프   ④ 세계 보건 기구

3. 국제기구에 대한 설명으로, 다음 빈칸을 채워 넣으세요.

   인류는 두 차례의 _____ 으로 인해 상실된 인류애와 세계 평화를 지키기 위해 국제기구를 만들었습니다. 1945년에 만든 _____ 은 세계 평화를 위한 활동을 합니다. _____ 는 세계인의 건강을 위해 노력하고, _____ 는 세계 대전으로 파괴된 문화유산과 교육을 재건하는 활동을 펼칩니다.

✎ **한 줄 글쓰기!**

내가 국제기구에서 일한다면 어떤 곳에서 일하고 싶은가요? 그 이유도 소개해 주세요.

배경지식을 쌓는 사회 이야기
문화를 이루고 문화유산으로 남겨 주어요

05

지구 곳곳에서 사람들은 작거나 큰 사회를 이루어 살아갑니다. 어떤 사람들은 광활한 대륙 한복판에 모여 살았고, 어떤 사람들은 바닷가나 섬에서 살아갔습니다. 모두 같은 민족끼리 사회를 이룬 지역이 있는가 하면, 여러 부족이 함께 연맹을 맺거나 서로 다투는 지역도 있었습니다.

사람들은 각자 주어진 환경에 맞춰 적응하거나 혹은 문제점을 해결해 나가야 했습니다. 물이 부족한 지역에 사는 사람들은 물을 아껴 쓰는 습관을 익혔습니다. 추운 지역에 사는 사람들은 얼음으로 집을 짓고, 비바람이 많이 부는 지역에 사는 사람들은 습기에 강한 재료로 집을 지었습니다.

이처럼 그 사회에서 생활하면서 생긴 습관이나 전통, 지식, 믿음 혹은 자주 하던 행동들은 하나의 양식이 되어 갑니다. 이것을 '문화'라고 합니다. 문화는 한 사회의 구성원들이 이루어 낸 생활 양식과 정신적인 가치들을 말합니다. 사람들이 그 지역에서 일정한 시간 동안 함께 생활하면서 후천적으로 만들어지는 것이지요. 다시 말해 문화는 그 사회를 이루는 구성원 대부분이 누리는 활동이자 양식입니다.

그렇기 때문에 문화는 그 지역에 사는 사람들만의 독특한 특성을 담고 있습니다. 예를 들어 우리나라는 봄, 여름, 가을, 겨울의 사계절이 뚜렷하게 나타납니다. 그래서 우리나라의 주거 문화로는 여름을 시원하게 나게 하는 대청마루와 겨울을 따뜻하게 보내도록 도와주는 온돌이 있습니다. 이처럼 문화는 여러 사람들이 경험하며 얻은 결과물입니다. 그래서 문화는 인간만이 갖는 특성이라고 할 수 있습니다.

이런 문화 가운데 다음 세대에 물려줄 만한 가치를 지닌 것이 있다면 그 문화는 일종의 유산이 됩니다. 이러한 것을 '문화유산'이라고 합니다. 문화유산을 통해 우리는 과거 사람들의 생각과 생활을 알아볼 수 있습니다. 문화유산에는 유형 문화재와 무형 문화재가 있습니다.

유형 문화재는 실제로 존재해 형체가 있는 문화유산을 말합니다. 우리나라의 경주 지역에 가면 고대 국가 '신라'에 살던 사람들이 남긴 많은 유형 문화재를 볼 수 있습니다. 신라의 대표적인 유형 문화재로는 불국사와 첨성대가 있습니다. 불국사를 통해 당시 신라 사람들이 불교를 믿었고, 뛰어난 예술을 가졌다는 걸 알 수 있습니다. 첨성대로는 당시 신라 사람들이 천체에 관심이 많았다는 걸 알 수 있습니다.

무형 문화재는 말 그대로 형체가 없는 문화유산을 말합니다. 대표적인 무형 문화재로는 탈춤이 있습니다. 탈춤은 각 시대와 지방의 특색을 담아 전해지는 우리나라의 멋진 문화유산입니다. 그 뛰어난 가치를 인정받아 유네스코에 인류무형문화유산으로 등재되었습니다. 많이 알려진 탈춤으로는 하회별신굿 탈춤, 봉산 탈춤 등이 있습니다.

이처럼 문화와 문화유산은 옛날 사람들이 어떤 생각과 가치를 지니며 어떤 방식으로 살아갔는지를 알려 주는 소중한 자료입니다. 오랜 시간을 지날수록 가치가 더해지기 때문에 문화와 문화유산을 귀중히 여겨야 합니다.

 **낱말 찾기**

두두야. 잘 봐,
이 낱말들을 알면 더 쉽게 이해돼!

- ★ **광활하다** : 막힌 데가 없이 트여 있고 넓다.
- ★ **연맹** : 같은 목적을 가진 나라나 조직들이 서로 돕고 함께 행동할 것을 약속한 단체.
- ★ **가치** : 어떤 대상이 지니고 있는 쓸모와 중요성.
- ★ **후천적** : 태어난 후에 얻어진 것. 혹은 경험으로부터 나오는 것.
- ★ **주거** : 머물러 사는 것 혹은 머물러 사는 집.
- ★ **유산** : 앞 세대가 물려준 물건 혹은 문화.
- ★ **형체** : 물건의 생김새.
- ★ **천체** : 우주에 있는 모든 물체. 항성, 행성, 혜성, 성간 물질, 인공위성 등 모든 물체를 말한다.
- ★ **등재** : 장부나 목록에 기록해 올린다.

📋 **두두에게 이 낱말을 설명해 주세요.**

두두야, **'후천적'**이라는 말은

오, 근데 잠깐만!
인간, '후천적'이라는 말은 무슨 뜻이라고 했지?

 **진짜 읽기** 글을 잘 읽고 이해했는지 확인해 봅시다.
문제를 풀며 글을 한 번 더 찬찬히 읽어 보세요!

1. 이 글에서 알 수 있는 내용 중 알맞지 않은 부분은 무엇일까요?

   ① 우리나라는 사계절에 따른 독특한 주거 문화가 있다.
   ② 문화는 인간만이 지닌 특성이라고 볼 수 있다.
   ③ 경주 지역에는 고대 국가인 가야의 문화가 담긴 유적이 많다.
   ④ 탈춤은 우리나라의 무형 문화재이다.

2. 이 글을 읽고 다음 설명에 해당하는 것은 무엇일까요?

   > 문화는 그 사회 구성원들이 이룬 생활 양식과 가치를 말하는데, 이 가운데 다음 세대에 물려줄 만한 가치를 지닌 것을 칭하는 말로, 이것을 통해 과거 사람들의 생각과 삶을 알 수 있습니다.

   ① 유형 문화재   ② 문화유산
   ③ 문화유적   ④ 문화의식

3. 인간의 문화에 대한 설명으로 다음 빈칸을 채워 넣으세요.

   문화유산은 형체의 유무에 따라 _____ 와 _____ 로 나뉩니다. 대표 유형 문화재인 _____ 는 신라 시대 사람들이 천체에 관심이 많았다는 것을 알려 줍니다. 또한 _____ 은 각 시대와 지방의 전통이 담겨 있어 유네스코에 인류무형문화유산으로 등재되었습니다.

✎ **한 줄 글쓰기!**
내가 가장 좋아하는 우리나라의 문화유산은 무엇인가요? 그 이유를 소개해 주세요.

배경지식을 쌓는 사회 이야기

도시가 발달하면서 다양한 갈등과 문제도 생겨납니다

06

　옛날에는 임금이 사는 수도를 중심으로 도시가 생겼다면, 오늘날에는 수도 외에도 다양한 지역에 도시가 있습니다. 교통과 산업이 발달하면서 여러 지역에서 자기만의 특성을 가진 도시를 이룬 것이지요. 도시마다 다양한 산업이 발달하면서 일자리가 늘어나고 공공 기관, 대중 시설과 문화 시설들도 만들어졌습니다. 사람들은 다채로운 문화와 여가를 누리고 교육을 받게 되었지요. 그에 따라 시민 의식도 높아지고, 경제와 치안 역시 좋아졌습니다.

　하지만 도시가 발달하면서 좋은 점만 있는 것은 아닙니다. 일자리가 늘면 그만큼 사람들이 몰려듭니다. 그렇게 되면 인구 밀도가 높아집니다. 좁은 지역에 더 많은 사람들이 빽빽이 모여 산다는 말이지요. 그에 따라 여러 갈등과 문제가 생겼습니다.

　먼저, 사람들이 많아지면서 교통 문제가 심각해졌습니다. 직장인들이 출근하는 아침 시간과 퇴근하는 저녁 시간대에는 수많은 자동차들과 대중교통으로 도로가 꽉 막히는 현상이 일어났습니다. 이 혼잡한 시간대를 '러시아워(rush hour)'라고 합니다. 사람들이 자동차를 많이 타고 다니면서 교통 체증은 심각해졌고 주차 문제도 늘어났습니다.

　또 도시로 오는 사람은 늘어나는데 주택은 한정되어 있어 주거 문제도 심해졌습니다. 사람들에 비해 주택이 턱없이 부족하거나 비쌌던 것입니다. 치안과 교통이 좋은 지역이거나, 편의 시설이 좋은 지역일수록 집값이 비쌌습니다. 도시 중심부 즉 도심의 집값은 터무니없이 높아져 사람들은 도시 외곽에 집을 구하고 일할 때만 도심으로 나왔습니다.

또 많은 산업 시설과 교통 시설을 움직이게 하려고 화석 연료를 쓰면서 환경 문제도 심각해졌습니다. 매연과 유독 물질들이 공기와 물, 토양을 오염시켰습니다. 또 수많은 사람들이 쓰고 버린 쓰레기들이 급격히 늘어나 도시의 큰 문제가 되었습니다. 플라스틱 쓰레기들로 인해 수돗물에서도 미세 플라스틱이 나오고 미세 먼지에 시달리는 등 생활의 질이 크게 떨어지게 된 것입니다.

이렇게 걷잡을 수 없을 만큼 쓰레기가 늘어나자 쓰레기를 처리할 시설도 필요해졌습니다. 하지만 쓰레기 처리 시설은 사람들이 기피하는 시설입니다. 쓰레기들을 한데 모으니 더럽다는 인상을 주고, 쓰레기 처리 시설에서 오염 물질이 발생한다는 생각 때문입니다. 이를 '님비 현상(NIMBY, not in my backyard)'이라고 합니다. 영어로 '우리 집 마당에는 안 돼!'라는 뜻이지요. 자기 지역에 혐오 시설이 들어오는 것을 반대하는 현상을 말합니다. 님비 현상 역시 도시가 해결해야 할 과제입니다.

도시에는 사람들이 몰려드는 반면 농어촌과 같은 촌락에는 사람들이 줄어드는 문제도 나타났습니다. 촌락에 살던 사람들이 일자리를 구하고자 도시로 이주하면서 촌락의 인구가 줄어든 것입니다. 주로 젊은 사람들이 일자리와 교육을 위해 도시로 떠나면서 촌락에는 나이 든 사람들만 남고 있습니다. 한 지역에 노인 인구가 많아지는 것을 '고령화'라고 합니다. 고령화 현상으로 인해 농어촌은 일손이 부족해서 농사를 짓지 못하고 고기잡이를 하지 못하는 상황이 벌어지고 있습니다.

이와 같이 도시가 발달하면서 해결해야 할 문제들이 많아졌습니다. 게다가 사회 문제는 점점 더 복잡해지고 있습니다. 사람들은 이 문제들을 해결하기 위해 다양한 토론을 하면서 슬기로운 해결 방법을 찾아야 합니다. 그래서 더 살기 좋은 곳으로 우리 사회를 이끌어 나가야 합니다.

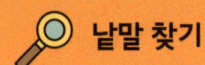 **낱말 찾기**

두두야. 잘 봐,
이 낱말들을 알면 더 쉽게 이해돼!

- ★ **수도** : 나라의 중앙 정부가 있는 도시.
- ★ **산업** : 경제적으로 풍요롭게 하는 재화나 서비스를 만드는 사업.
- ★ **밀도** : 빽빽하게 들어서 있는 정도.
- ★ **대중교통** : 여러 사람이 함께 이용하는 버스, 지하철과 같은 교통 수단.
- ★ **체증** : ① 소화가 잘되지 않는 증상. ② 교통의 흐름이 순조롭지 않아 길이 막힌 상태.
- ★ **치안** : 사회가 안전하고 질서 있는 상태.
- ★ **기피** : 싫어해서 피함.
- ★ **혐오** : 싫어하고 미워함.

📋 두두에게 이 낱말을 설명해 주세요.

두두야, '**체증**'이라는 말은

오, 근데 잠깐만!
인간, '체증'이라는 말은
무슨 뜻이라고 했지?

 **진짜 읽기** 글을 잘 읽고 이해했는지 확인해 봅시다.
문제를 풀며 글을 한 번 더 찬찬히 읽어 보세요!

1. 이 글에서 나타난 도시 문제가 아닌 것은 무엇일까요?

   ① 사람들이 밀집되어 교통 문제가 심각해졌다.

   ② 비싼 집값으로 인해 사람들은 촌락으로 빠져나갔다.

   ③ 많은 산업 시설과 교통 시설로 환경이 오염되었다.

   ④ 도시로 이동해 농어촌에 일손이 부족해졌다.

2. 이 글의 내용을 잘 이해한 사람을 모두 찾아봅시다.

   ① 예진 "시골에 사는 사람들이 도시로 빠져나가니 이에 대한 대책을 세워야 해."

   ② 정현 "출퇴근 시간만 피하면 교통은 아무 문제가 없어."

   ③ 아름 "도시가 발달할수록 사회 문제는 점점 줄어들어."

   ④ 현지 "쓰레기를 되도록 버리지 말고 환경을 보호해야 해."

3. 도시 발달에 따른 문제에 대한 설명으로 다음 빈칸을 채워 넣으세요.

   도시가 발달하면서 다양한 사회 문제 또한 생겼습니다. 아침저녁에 도로가 꽉 막히는 _____ 로 교통 체증이 심해지고, 산업 시설에서 나오는 매연으로 _____ 도 심해졌습니다. 또한 사람들이 기피하는 혐오 시설이 자기 지역에 들어오는 걸 반대하는 _____ 도 사회 문제가 되고 있습니다.

✏️ **한 줄 글쓰기!**

도시의 문제를 해결하기 위한 아이디어를 고안해 소개해 주세요.

_____

더 깊은 배경지식을 위해 알아야 하는 세계 고대 문명

　인간이 이룩한 역사를 살펴보면 실로 놀랍습니다. 인간은 자연의 상태에서 시작해 점차 인간만의 독자적인 환경을 만들고, 이전과는 차원이 다른, 찬란한 발전을 이루어 냈지요. 이것을 '문명'이라고 합니다. 그리고 인류의 삶을 만든 고대 문명을 네 가지로 꼽는데 이것을 흔히 '4대 문명'이라고 부릅니다. 각각 메소포타미아 문명, 이집트 문명, 인더스 문명, 황허 문명입니다.

　세계 지도를 펼쳐 보면 이 4대 문명이 생겨난 곳들이 모두 큰 강 근처이며, 온대 기후 지역이라는 것을 알 수 있어요. 이것은 곧, 문명이 탄생한 지역들이 대체로 물이 풍부하고 기후가 따뜻해 농사를 짓기에 아주 좋은 조건이었다는 걸 의미하지요. 많은 사람들이 모여 살려면 식량이 풍부해야 해요. 그래서 문명의 발상지들은 대부분 농사를 잘 지을 수 있는 지역이었고, 식량을 잘 생산할 수 있었지요. 이렇게 사람들이 모여 살게 되면 기술과 문화가 발전하고 도시가 만들어집니다. 4대 문명은 모두 청동기를 쓰고 문자를 만들고 냈으며, 도시 국가를 이루었다는 공통점이 있지요.

　메소포타미아 문명은 기원전 3500년경 서아시아에 있는 유프라테스 강과 티그리스 강 사이의 지역을 중심으로 생겨났습니다. 바빌로니아, 아시리아 등 여러 도시 국가가 나타났으며 최초의 문명인 수메르 문명은 메소포타미아 지역의 남부에 있었습니다. 이들은 문자를 만들어 썼으며 활발히 교역을 하면서도 잦은 전쟁을 벌였습니다. 천문학과 수학의 발달로 태음력과 60진법을 만들어 냈고, 바빌로니아 왕국은 함무라비 법전을 만들어 왕의 권력을 다졌습니다. 현재는 이라크, 시리아, 이란, 튀르키예가 이 지역의 나라로 있습니다.

이집트 문명은 기원전 3000년경 북아프리카의 나일강 유역에서 탄생했습니다. 나일강이 자주 범람하여 땅이 아주 비옥했고, 사막과 바다로 둘러싸여 있어 다른 나라의 침입을 받지 않고 화려한 문명을 꽃피웠습니다. 이집트인들은 왕을 살아 있는 신으로 여겼습니다. 정치와 종교가 함께 이루어졌지요. 대표적인 유적으로는 강력한 왕의 권한을 보여 주는 그 유명한 피라미드, 스핑크스가 있습니다.

인더스 문명은 기원전 2500년경 남아시아에 있는 인도의 인더스 강을 중심으로 발달했습니다. 현재는 건조한 기후이지만 인더스 문명이 꽃피웠을 시기에는 비도 많이 와 농사짓기에 좋은 기후였습니다. 문자를 사용했지만 아직까지 문자를 해석할 수 없어 이들의 삶이 어땠는지를 확실하게 알기는 어렵습니다. 현재는 인도, 파키스탄이 자리하고 있습니다.

황허 문명은 동아시아에 있는 중국 황허 강 유역에서 나타난 고대 문명입니다. 신석기 시대부터 나타나 청동기를 거쳐 철기 시대까지 이르렀습니다. 이 지역은 주로 조나 수수를 재배했으며, 거북의 등딱지나 짐승의 뼈에 문자를 새기는 '갑골 문자'를 썼다고 알려졌지요.

우리나라는 지구라는 행성에서 어디에 위치해 있을까요? 우리나라의 터전은 어떤 모습과 조건을 가지고 있을까요? 우리나라의 기후와 땅, 바다와 같은 지리에 대해 알아보려고 해요. 알아보면 볼수록 우리 사회와 생활이 지리와 얼마나 밀접하게 관련되어 있는지 알 수 있답니다.

2장

우리나라의 지리에 대해 살펴보아요

배경지식을 쌓는 사회 이야기
지구의 위치는 위도와 경도로 표시합니다

07

우리가 사는 지구에는 다양한 지리를 찾아볼 수 있습니다. 여러 대륙과 반도들, 수많은 섬들, 다양한 모양의 만과 바다들이 있지요. 이렇게 지구에 있는 땅과 바다의 위치는 정확하게 표시해야 합니다. 위치를 대충, 어림잡아 표시했다가는 많은 어려움이 생기기 때문입니다. 예를 들어 바다에서 선박이 조난되었을 때 선박을 구하려면 선박이 바다 어디에 있는지를 정확히 알아야 합니다. 그런데 망망대해에서 선박의 위치를 표현할 방법은 별로 없습니다. 어디를 봐도 드넓은 바다뿐이니까요. 선박의 위치를 알 만한 주변 신호등도 없고 건물도 없습니다.

이처럼 드넓은 지구의 지리를 알기 위해 각 위치를 좌표로 나타냈습니다. 지구 위의 위치를 좌표로 나타내는 기준으로는 위도와 경도가 있습니다. 위도와 경도를 이용하면서 지구의 지리를 정확하게 표시할 수 있게 되었습니다. 또한 내비게이션에 들어가는 GPS 기술과 해상학, 항공학, 기상학 등 다양한 분야가 더욱 발전할 수 있었습니다. 자, 그렇다면 위도와 경도가 무엇인지 알아볼까요?

위도는 적도를 기준으로 남북으로 얼마나 떨어져 있는지를 나타냅니다. 적도는 둥근 지구의 남극과 북극 끝에서 지표면 위로 같은 거리만큼 왔을 때 만나는 점들을 이은 선입니다. 적도를 기준으로 남반구와 북반구로 나뉘지요. 적도를 기준으로 북쪽 90°까지를 북위라고 말하고, 적도에서 남쪽 90°까지는 남위라고 합니다. 지구의 좌표축에서 볼 때 가로선이 바로 위도입니다. 같은 위도끼리 연결한 선을 '위선'이라고 합니다. 일반적으로 0°인 적도부터 30°까지를 저위도라고 말하고, 30°~60°까지를 중위도, 60°에서 극지방인 90°까지를 고위도라고 부릅니다.

위도는 기후와 큰 관련이 있습니다. 지구의 위도에 따라 면적당 받는 태양 에너지 양이 달라지기 때문입니다. 면적당 태양 에너지를 가장 많이 받는 적도에 가까워질수록 기온이 높아지고, 태양 에너지를 적게 받는 극지방으로 갈수록 기온이 낮아집니다.

경도는 본초 자오선을 중심으로 동서로 얼마나 떨어져 있는지를 나타냅니다. 영국 그리니치 천문대가 있는 본초 자오선이 바로 경도의 기준선입니다. 0°인 본초 자오선을 중심으로 잡고 동쪽과 서쪽을 향해 각각 180°로 돌아가며 좌표를 표시합니다. 동쪽의 0~180°를 동경이라고 하고, 서쪽의 0~180°를 서경이라고 합니다. 지구의 좌표축에서 세로선이 경도이며, 같은 경도를 세로로 연결한 선을 '경선'이라고 합니다.

경도는 시간과 관련 있습니다. 지구가 24시간 동안 한 바퀴(360°)를 돌기 때문에 경도 15°가 차이 날수록 1시간씩 차이 납니다. 해가 동쪽에서 뜨기 때문에 경도가 동쪽일수록 시간이 빠르고 서쪽일수록 시간이 느립니다. 나라마다 시간이 다른 이유는 그 나라가 있는 위치의 경도가 다르기 때문입니다. 관례적으로 전 세계 나라들은 자기 나라의 표준시를 정할 때 가장 근접한 경도를 기준으로 잡고 시간을 정합니다. 동경과 서경이 만나는 180° 지역에서 날짜가 달라집니다. 이 선을 '날짜 변경선'이라고 부릅니다. 날짜 변경선을 기준으로 동쪽은 다음 날이 되는 것이지요.

지구의 지리 좌표를 읽을 때는 위도를 먼저 읽고, 다음에 경도를 읽습니다. 우리나라의 위치는 북위 33°~43°, 동경 124°~132° 사이에 있습니다. 우리나라는 1908년 동경 127.5°에 맞춰 표준시를 쓰다 일제 강점기 때 일본의 표준시인 동경 135°에 맞춰 썼습니다. 광복이 된 후 1954년 다시 127.5°로 기준을 삼았으나 1961년 다시 동경 135°로 바꾸어 표준시를 정했습니다. 하여 우리나라는 북반구의 중위도에 있어 온대 기후가 나타나며, 지구 동반구에 위치해 경도 0° 지역의 시간인 세계 표준시보다 9시간 빠릅니다.

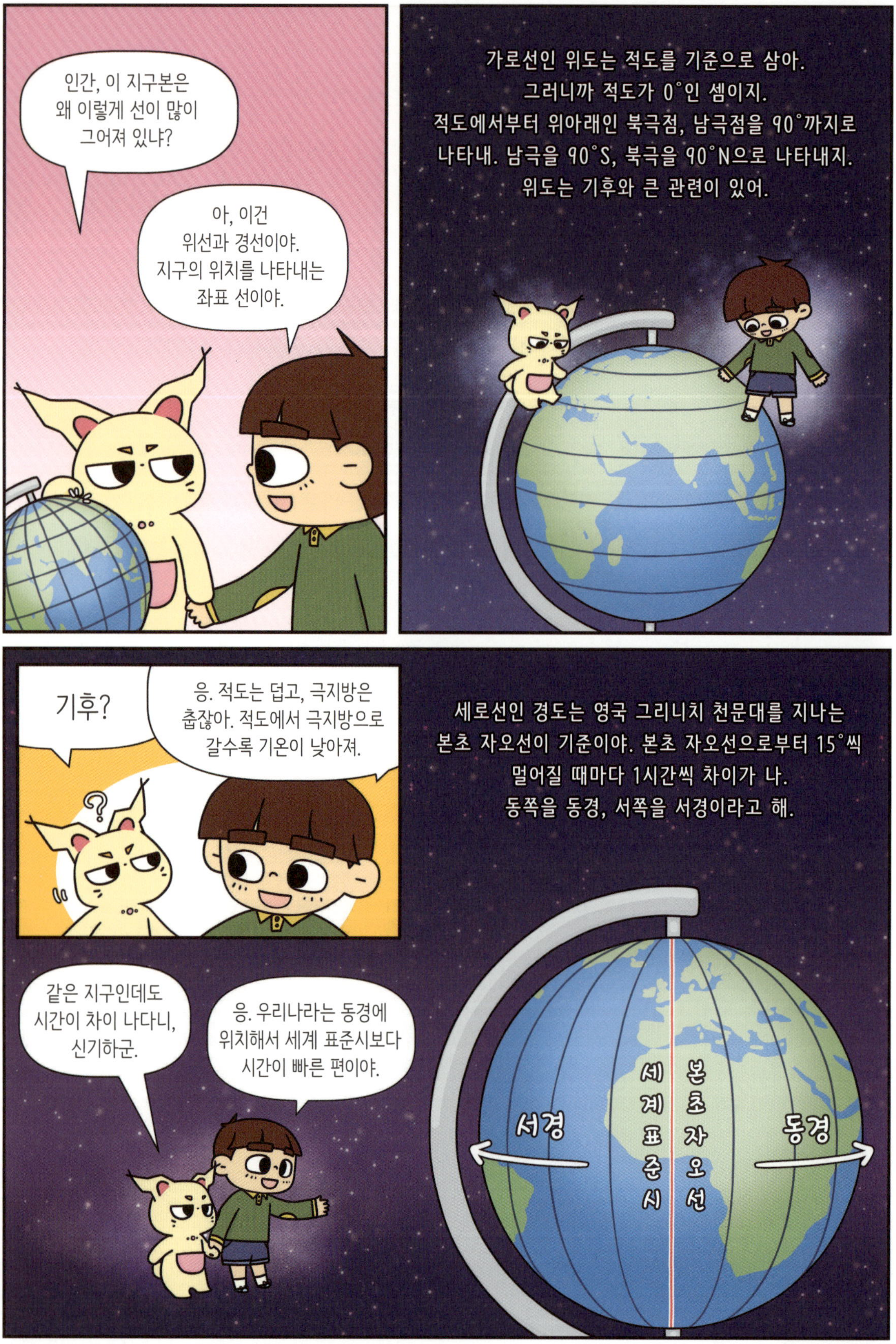

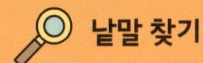 **낱말 찾기**

두두야. 잘 봐,
이 낱말들을 알면 더 쉽게 이해돼!

- ★ **조난** : 항해를 하거나 등산을 하는 도중에 재난을 만남.
- ★ **망망대해** : 한없이 크고 넓은 바다.
- ★ **좌표** : 평면이나 공간에 있는 어떤 점의 위치를 나타내는 수.
- ★ **태양 에너지** : 태양이 내보내는 에너지로, 태양 내부에서 일어나는 핵융합 반응으로 에너지가 내보내진다.
- ★ **본초 자오선** : 지구 경도의 기준이 되는 선으로 영국의 그리니치 천문대를 지나는 자오선(경도 0°)이 기준이다.
- ★ **표준시** : 각 나라, 혹은 각 지방에서 쓰는 표준 시각.
- ★ **세계 표준시** : 그리니치 천문대를 지나는 자오선을 기준으로 한 시간. 세계 모든 관측에 쓰는 표준시의 기본이 된다.

📋 **두두에게 이 낱말을 설명해 주세요.**

두두야, '**세계 표준시**'라는 말은

오, 근데 잠깐만!
인간, '세계 표준시'라는 말은 무슨 뜻이라고 했지?

 **진짜 읽기** 글을 잘 읽고 이해했는지 확인해 봅시다.
문제를 풀며 글을 한 번 더 찬찬히 읽어 보세요!

1. 6번째 문단의 제목을 붙인다면 무엇이 알맞을까요?

   ① 경도와 시간의 관계　　② 위도와 경도의 필요성

   ③ 우리나라의 위도와 경도　　④ 경도의 정의

2. 이 글의 내용을 잘 이해한 사람을 찾아봅시다

   ① 주성 "위도는 지구의 날씨와 관련이 깊어. 저위도로 갈수록 기온이 낮아지지."

   ② 동희 "우리나라는 지구의 동쪽에 있어서 시간이 느린 편이야."

   ③ 여름 "위도와 경도는 내비게이션을 만드는 데 아주 큰 역할을 했어."

   ④ 라현 "날짜 변경선은 지구 좌표면에서 볼 때 가로선이야."

3. 다음은 위도와 경도에 대해 설명하는 말로 아래 빈칸을 채워 넣으세요.

   위선은 지구 좌표면에서 _____ 을 말하며 _____ 를 기준으로 남북으로 얼마나 떨어져 있는지를 나타냅니다. 경선은 지구 좌표면에서 세로선을 말하며 _____ 을 기준으로 하여 _____ 로 얼마나 떨어져 있는지를 나타냅니다. 우리나라의 위도는 _____ 이며 경도는 _____ 입니다.

◆ 한 줄 글쓰기!

위도와 경도를 사용해 발전한 분야 중 가장 흥미로운 분야는 무엇인가요? 그 이유도 함께 소개해 주세요.

_____

배경지식을 쌓는 사회 이야기
우리 주변에는 어떤 나라가 있을까요?

08

지구의 육지에는 무수한 나라들이 있습니다. 우리가 사는 대한민국은 지구에서 어디쯤에 있는 걸까요? 지구의 위쪽에 있을까요? 아래쪽에 있을까요? 왼쪽에 있을까요? 오른쪽에 있을까요?

지도를 펼쳐 보면 대한민국은 6개의 대륙 중 가장 큰 '아시아 대륙'의 동쪽에 난 반도에 위치해 있습니다. 반도는 대륙에 붙어 튀어나온 땅을 말합니다. 한쪽 방면은 대륙에 붙어 있지만 나머지 세 방면은 바다로 둘러싸여 있지요. 이런 위치 덕분에 우리나라는 과거에는 대륙으로도 나아갈 수 있고, 바다로도 나갈 수 있었습니다. 현재 우리나라는 바닷길을 통해 세계 여러 나라와 무역을 하고 있습니다. 미국, 중국, 일본, 동남아시아, 중동 등 여러 나라를 대상으로 수출을 합니다. 수출은 우리나라의 경제가 발전하는 데 아주 큰 역할을 합니다.

우리나라가 있는 아시아 대륙의 서쪽에는 유럽이 있습니다. 그러니까 유럽과 아시아는 커다란 대륙의 서쪽과 동쪽에 있다고 보면 된답니다. 유럽과 아시아 사이에는 우랄 산맥이라는 커다란 산맥이 가로질러서 구분하지요. 유럽과 아시아가 있는 이 대륙을 '유라시아' 대륙이라고 부르기도 합니다.

아시아 대륙과 이어진 우리나라의 위쪽에는 북한이 있습니다. 현재 북한과는 전쟁을 멈춘 휴전 상태여서 육로로는 대륙으로 가기가 어렵습니다. 북한 위쪽으로는 중국과 러시아가 있습니다. 우리나라 오른쪽에는 바다 건너 일본이 있고, 왼쪽에는 바다 건너 중국이 있습니다. 그러니까 우리나라는 바다를 두고 중국과 일본 사이에 위치해 있습니다. 이러한 위치 때문에 예로부터 우리나라는 중국, 일본과 무역을 했고, 역사적으로 많은 영향을 주고받았습니다.

　우리나라와 중국, 일본은 아시아의 동북부 지역에 있어서 세 나라를 묶어 동북아시아라고도 합니다. 세 나라는 한자를 사용하고 벼농사를 지어 쌀을 주식으로 삼는다는 공통점이 있습니다. 우리나라, 중국, 일본은 오래전에 각각 나라를 이루며 고유한 역사를 가지고 있습니다. 또한 아주 빠른 속도로 경제 성장을 이루어 내어 아시아의 경제를 이끌어 나가고 있습니다. 그러나 오랜 세월 이웃한 나라로 지내면서 서로 침략을 하거나, 침략당한 아픔이 쌓여 있어 역사적으로 해결해야 할 문제가 남아 있는 상태이기도 합니다.

　중국의 위쪽에는 몽골이 자리합니다. 몽골은 육지의 안쪽인 내륙에 위치한 국가입니다. 아래쪽으로는 중국, 위쪽으로는 러시아로 에워싸여 있지요. 이러한 지리적인 요건은 무역을 하기에 매우 까다롭습니다. 몽골의 풍부한 지하자원을 여러 나라로 수출하고 싶어도 바닷길로 나갈 수가 없고, 육로인 중국과 러시아를 통해서만 가야 하기 때문입니다. 그래서 몽골은 주로 이웃한 국가인 중국 혹은 러시아와 무역을 합니다. 이렇듯 여러 나라와 무역하지 못하는 것은 몽골의 경제 발전을 저해하는 요소입니다. 이처럼 나라의 위치는 경제적으로도 매우 중요합니다. 최근에는 우리나라가 몽골에 진출해 다양한 사업과 산업을 펼치고 있습니다.

　러시아는 풍부한 천연자원을 토대로 경제를 발전시키고 있습니다. 그러나 2022년 러시아와 우크라이나가 전쟁을 치르며 양국 모두 큰 피해를 입고 있습니다.

 **낱말 찾기**

두두야. 잘 봐,
이 낱말들을 알면 더 쉽게 이해돼!

- ★ **산맥** : 산봉우리가 길게 이어져 있는 지형.
- ★ **휴전** : 전쟁을 치르는 나라들이 서로 합의하여 전쟁을 멈추고 있는 상태.
- ★ **중동** : 서아시아와 북아프리카 일대를 말한다. 아프가니스탄, 이란, 사우디아라비아, 파키스탄 등의 나라가 이 일대에 있다. 영어로 Middle East라고 하는데, 이는 1900년 이후 유럽의 관점에서 보았을 때 동쪽의 중간 지점이어서 이러한 명칭이 붙었다.
- ★ **동남아시아** : 아시아의 동남부 지역을 칭하며, 말레이제도와 인도차이나반도를 말한다. 베트남, 인도네시아, 필리핀, 미얀마, 태국 등의 나라가 이 일대에 있다.
- ★ **무역** : 나라와 나라 사이에 서로 물건을 사고파는 일.
- ★ **수출** : 나라 안에서 만든 상품이나 기술을 외국에 파는 것을 말한다.
- ★ **고유하다** : 처음부터 특별히 가지고 있다.
- ★ **진출하다** : ① 어떤 방면으로 활동을 넓혀 나아가다 ② 앞으로 나아가다
- ★ **천연자원** : 사람의 힘을 가하지 않고 원래부터 그대로 있는 자원을 말한다. 인간의 생활, 활동에 이용할 수 있는 물자나 에너지가 된다.

📋 두두에게 이 낱말을 설명해 주세요.

두두야, **'천연자원'**이라는 말은

오, 근데 잠깐만!
인간, '천연자원'이라는 말은 무슨 뜻이라고 했지?

 **진짜 읽기**

글을 잘 읽고 이해했는지 확인해 봅시다.
문제를 풀며 글을 한 번 더 찬찬히 읽어 보세요!

1. 다음 글에서 (ㄱ)과 (ㄴ)에 들어갈 말로 알맞은 것은 무엇일까요?

   > (ㄱ)(은)는 우리나라의 왼쪽에 위치하고 내륙에 있어 무역하기에 조건이 까다롭습니다. 그 아래에 위치한 (ㄴ)(은)는 우리나라와 오랫동안 많은 영향을 주고받았으며 동북아시아의 경제를 이끄는 세 나라 중 하나입니다.

   ① (ㄱ)러시아 – (ㄴ)중국   ② (ㄱ)몽골 – (ㄴ)일본
   ③ (ㄱ)중국 – (ㄴ)일본   ④ (ㄱ)몽골 – (ㄴ)중국

2. 이 글에서 알 수 있는 내용 중 알맞지 않은 부분은 무엇일까요?

   ① 우리나라는 삼면이 바다라 바닷길을 통해 무역을 할 수 있다.
   ② 동북아시아의 세 나라는 오랜 기간 서로 돕고 돈독한 관계를 유지해 왔다.
   ③ 나라의 발전은 지리적 위치에 구애받는다.
   ④ 몽골은 내륙 국가라서 무역을 하려면 다른 나라를 거쳐 가야 한다.

3. 우리나라와 주변국의 관계에 대한 설명으로 빈칸을 채워 넣으세요.

   우리나라는 _____ 로 나아가 세계 여러 나라들과 _____ 을 하여 경제를 발전시켰습니다. 우리나라 왼쪽에 있는 _____ 과 오른쪽에 있는 일본과는 _____ 의 경제를 이끌고 있습니다.

✎ **한 줄 글쓰기!**

우리나라의 주변국 가운데 가장 관심있는 나라는 어느 곳인가요? 그 이유도 함께 소개해 주세요.

배경지식을 쌓는 사회 이야기
우리나라의 산맥과 강, 평야에 대해 알아보아요

09

　우리나라는 유라시아 대륙 동쪽 끝에 위치해 있습니다. 우리나라처럼 한쪽은 육지와 이어져 있고 나머지 두세 쪽은 바다와 맞닿아 있는 땅을 '반도'라고 합니다. 우리 '한반도'는 남북으로 길쭉한 모습으로, 한반도 동쪽에는 동해, 서쪽은 서해, 남쪽은 남해 바다로 둘러싸여 있으며, 주변에 크고 작은 섬들이 있습니다.

　우리나라에서 가장 큰 면적을 차지하는 지역은 바로 산지입니다. 우리 국토의 약 70%를 차지하는 산지는 북쪽과 동쪽에 주로 있고, 여러 산맥을 중심으로 발달했습니다. 산맥은 산봉우리가 연이어 있는 산의 모습을 말합니다. 우리나라에서 가장 커다란 산맥은 태백산맥입니다. 태백산맥은 남북으로 산봉우리들이 길게 이어져 있습니다. 그 모습이 마치 한반도 산맥의 중심을 잡아 주는 것 같아 '한반도의 척추'라는 별명이 있습니다.

　태백산맥에서 작은 산맥들이 뻗어 나왔는데 대표적으로 소백산맥, 노령산맥, 차령산맥 등이 있습니다. 또한 금강산, 설악산, 태백산과 같이 수많은 높은 산들이 태백산맥에 속해 있습니다. 이 태백산맥이 한반도의 동쪽에 치우쳐져 있어, 우리나라의 지형은 동쪽이 높고 서쪽은 낮은 '동고서저(東高西低)' 형태를 보입니다. 높이에 따라 자연스럽게 동쪽은 좁고 가파른 지형이 되었고, 서쪽은 넓고 얕은 지형이 만들어졌습니다.

　뉴스에 종종 등장하는 '영동 지방', '영서 지방'이라는 용어는 이 태백산맥을 중심으로 나눈 지역을 의미합니다. 영동, 영서의 '영(嶺)'은 '고개'를 뜻하는 한자어로, 태백산맥을 중심으로 동쪽에 위치한 속초, 강릉 등 강원도 해안가를 영동 지방, 서쪽에 위치한 강원도 원주, 평창, 춘천 등을 영서 지방이라고 합니다.

비가 오면 빗물과 지하수가 모여 높은 곳에서 낮은 곳으로 흘러가는데, 이 물줄기들이 모여 하천이 됩니다. 하천은 크고 작은 강을 말합니다. 우리나라의 경우, 물줄기가 동쪽 산맥에 있는 높은 산에서 시작합니다. 물줄기들이 서쪽과 남쪽에 있는 낮고 평평한 땅으로 흘러가 하천을 이룹니다. 때문에 이 대백산맥은 힌강, 낙동강의 수원이기도 합니다.

우리나라의 대표적인 하천으로는 한강, 금강, 낙동강 등이 있습니다. 한강은 우리나라 수도인 서울과 수도권에 사는 사람들이 마시는 식수원입니다. 강폭이 아주 넓다는 특징이 있습니다. 충청도 지역은 남한강과 금강이 흐르고, 전라도에는 영산강, 경상도는 낙동강이 흐릅니다. 하천은 사람들의 생활에 필요한 물을 공급하기 때문에 매우 중요한 지형입니다.

하천 주변에 대체로 평평하고 너른 땅인 평야가 펼쳐집니다. 그래서 우리나라의 평야 역시 서쪽과 남쪽에 주로 있습니다. 평야는 하천에서 물을 잘 끌어올 수 있고, 땅이 기름져 작물이 잘 자라기 때문에 주로 논농사를 많이 하였습니다. 우리나라 서쪽에 호남평야, 나주평야, 김포평야가 있습니다.

한편 사방이 산으로 둘러싸인 평평한 땅을 분지라고 합니다. 분지는 사방이 높은 산지로 둘러싸여 바람이 잘 통하지 않아 비도 적게 내립니다. 그래서 겨울철에는 높은 산지들이 찬바람을 막아 주어 따뜻하고, 여름철에는 매우 무덥습니다. 대구 역시 분지 지형인데, 여름에 아주 무덥기로 유명한 도시입니다. 분지 지형에는 바람이 잘 통하지 않기 때문에 대기 오염이 심해지기도 합니다.

 **낱말 찾기**

두두야. 잘 봐,
이 낱말들을 알면 더 쉽게 이해돼!

- ★ **산봉우리** : 산에서 뾰족하게 솟은 부분.
- ★ **척추** : 머리뼈 아래에서 엉덩이 위까지 33개의 뼈가 이어져 몸의 중심 기둥처럼 된 뼈들을 이르는 말.
- ★ **지하수** : 빗물이 땅속에 고여 토사나 암석의 틈을 채우고 있는 물.
- ★ **식수원** : 먹는 물의 원천이 있는 곳.
- ★ **수원** : 물이 흘러나오기 시작하는 곳.
- ★ **강폭** : 강의 너비.
- ★ **침식** : 비, 바람, 강 따위가 지표를 깎아 내는 현상.
- ★ **매연** : 연료가 탈 때 그을음이 섞여 나오는 연기. 탄소 물질이 산소 공급이 충분하지 못해 불완전 연소를 할 때 생기는 오염 물질.

📝 **두두에게 이 낱말을 설명해 주세요.**

두두야, '**침식**'이라는 말은

오, 근데 잠깐만!
인간, '침식'이라는 말은 무슨 뜻이라고 했지?

 **진짜 읽기** 글을 잘 읽고 이해했는지 확인해 봅시다.
문제를 풀며 글을 한 번 더 찬찬히 읽어 보세요!

1. 다음 중 태백산맥에 대한 설명으로 알맞지 않은 것은 무엇일까요?

    ① 우리나라의 남북으로 길게 이어져 '한반도의 척추'라는 별명이 있다.

    ② 태백산맥을 기준으로 강원도 동쪽을 영동 지방, 서쪽을 영서 지방이라고 부른다.

    ③ 한반도 중앙에 위치해 태백산맥에서 작은 산맥들이 뻗어 나온다.

    ④ 한강과 낙동강의 수원이다.

2. 다음 중 알맞은 쪽을 선택해 주세요.

    ① 태백산맥에서 뻗어 나온 작은 산맥으로 (소령산맥/차령산맥)이 있습니다.

    ② 충청도에 흐르는 대표 하천으로는 (영산강/금강)이 있습니다.

    ③ 수도권 사람들의 식수원으로는 (한강/낙동강)이 있습니다.

    ④ 사방이 산으로 둘러싸인 평평한 땅을 (평야/분지)라고 합니다.

3. 우리나라의 산맥, 하천, 평야에 대해 빈칸을 채워 넣으세요.

    우리나라는 동쪽에 치우쳐 남북으로 길게 이어진 _____ 을 중심으로 수많은 산맥이 뻗어 나갑니다. 이 산맥에서 물줄기가 흘러 _____ 이 됩니다. 한강은 서울과 수도권의 _____ 입니다. 하천 주변에는 넓고 평평한 평야가 펼쳐지는데 대표 평야로는 _____, _____, _____ 가 있습니다.

✎ **한 줄 글쓰기!**

우리나라의 지형 중 가장 인상 깊은 지형은 어느 곳인가요? 그 이유도 함께 소개해 주세요.

배경지식을 쌓는 사회 이야기
위도에 따라 기후가 달라져요

기후는 한 지역에 여러 해에 걸쳐 나타나는 날씨의 평균적인 상태를 말해요. 날씨는 오늘 하루 동안의 기상 상태를 말하고 기후는 여러 날의 기상을 관측해 평균을 낸 상태이지요. 지구의 기후는 일반적으로 위도에 따라 다르게 나타납니다. 위도는 적도를 기준으로 지구를 위아래로 층층이 그은 가로선을 말합니다. 적도에서 극지방으로 갈수록 기온이 낮아지며 열대, 온대, 냉대, 한대 기후가 나타납니다.

열대 기후는 적도와 저위도에서 나타납니다. 일 년 내내 덥고 비가 많이 옵니다. 가장 추운 달도 평균 기온이 18도°C 이상입니다. 지역에 따라 비가 많이 오는 열대 우림 기후, 건기와 우기로 구분되는 열대 사바나 기후 등으로 나뉩니다. 이때 건기는 비가 거의 안 오는 계절이며, 우기는 비가 많이 오는 계절입니다.

온대 기후는 중위도에서 나타납니다. 사계절의 변화가 뚜렷하게 나타나며 가장 추운 달의 평균 기온은 -3~18°C까지나 됩니다. 열대, 냉한대 기후의 영향을 받아 기온의 변화가 큽니다.

냉대 기후는 중위도와 고위도에 걸쳐 나타납니다. 가장 추운 달의 평균 기온이 -3°C 미만이며, 가장 따뜻한 달의 평균 기온은 10°C 이상입니다. 북반구의 북부 대륙에서 냉대 기후를 경험할 수 있습니다. 남반구에는 대륙이 없어 이 기후대에 사람이 살지 않습니다.

한대 기후는 고위도에 나타나며 가장 따뜻한 달의 평균 기온이 10°C 아래입니다. 기온이 낮아 수목이 자라지 않습니다.

그렇다면 우리나라의 기후는 어떨까요? 우리나라는 북반구의 중위도에 위치해 온대 기후가 나타납니다. 우리나라의 연 평균 기온은 약 12.9°C로 대체로 따뜻한 편이지만 계절마다 큰 차이가 있습니다. 여름철 평균 기온은 24°C이고 겨울철은 1°C로, 평균 기온인데도 무려 20°C가 넘게 차이가 납니다. 여름 최고 기온과 겨울 최저 기온의 차이를 본다면 40°C가 넘습니다. 그래서 무더운 여름에는 냉방 시설을 갖추고, 겨울에는 한파를 대비해 난방 시설을 마련해야 합니다. 대체로 북쪽에 비해 남쪽 지역이 기온이 더 높습니다.

강수량도 계절마다 차이가 큰 편입니다. 겨울에는 건조하여 강수량이 적은 편이고, 여름에는 비가 많이 내립니다. 일 년 동안 내리는 비 중 절반이 넘는 비가 여름철에 내립니다. 비가 집중적으로 많이 내리는 기간을 '장마'라고 합니다. 울릉도의 경우 겨울철에도 강수량이 높은데 눈이 많이 내리기 때문입니다.

기후 정보를 얻는 데 다양한 기후 지도를 활용해도 좋습니다. 기온을 나타내는 기후 지도에는 등온선이 나타나 있습니다. 등온선이란 같은 기온이 나타나는 지역끼리 연결한 선입니다. 등온선을 보면 같은 위도에 위치한 해안 지방이 내륙 지방에 비해 대체로 더 따뜻한 편임을 알 수 있습니다. 또, 태백산맥이 차가운 북서풍을 막아 주어 영동 지방이 영서 지방보다 따뜻한 편입니다. 기후 지도를 보면 기온과 강수량을 파악하기 쉽습니다. 때문에 기후 지도는 작물을 재배하는 데 많은 도움이 됩니다. 작물을 키우는 데 날씨가 아주 중요한 조건이기 때문입니다.

최근에는 지구 열대화로 인해 우리나라의 기온이 점점 오르고 있습니다. 날씨 변화는 작물을 키우는 환경에도 큰 영향을 줍니다. 지구 열대화가 심해진다면 우리나라 기후도 온대에서 아열대로 바뀌게 될 것입니다. 제주도와 남부 지방에서는 이미 망고 같은 아열대 작물을 키우고 있습니다. 그뿐만이 아니라 폭염과 폭우와 같은 극단적인 날씨 현상이 자주 나타나 큰 피해를 입고 있습니다. 그러므로 기후 위기를 막기 위한 대책을 세우고 실천해야 합니다.

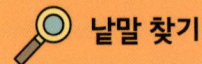 **낱말 찾기**

두두야. 잘 봐,
이 낱말들을 알면 더 쉽게 이해돼!

- ★ **평균** : 여러 수나 양의 중간 값(등급, 차례, 크기 따위에서 가운데 값)을 가지는 수.
- ★ **기상** : 대기 중에 일어나는 물리적인 현상을 말한다. 비, 구름, 눈, 바람 등이 기상에 해당한다.
- ★ **관측** : 직접 눈으로 보거나 기계를 사용해 자연 현상을 관찰하여 측정하는 일을 말한다.
- ★ **결정적** : 일의 결과를 결정지을 만큼 중요한 것을 말한다.
- ★ **한파** : 겨울에 기온이 갑자기 내려가는 현상.
- ★ **총량** : 전체 양.
- ★ **지구 열대화** : 온실 가스로 인해 지구 기온이 점점 올라가서 따뜻해지는 현상을 '지구 온난화(global warming)'라고 한다. 지구 열대화(global boiling)는 지구 온난화에서 더 심각해져서 지구가 펄펄 끓는 상태로 기후가 변하고 있음을 일컫는 말로, 기후 위기의 심각성을 알려 주는 용어다.
- ★ **아열대** : 열대와 온대의 중간 지대를 말하며, 적도에서 남쪽, 북쪽으로 20~30도 사이의 지역을 말한다.
- ★ **대책** : 어떤 일에 대해 알맞은 조치를 취할 계획이나 방법.

📋 **두두에게 이 낱말을 설명해 주세요.**

두두야, **'아열대'**라는 말은

오, 근데 잠깐만!
인간, '아열대'라는 말은
무슨 뜻이라고 했지?

 **진짜 읽기** 글을 잘 읽고 이해했는지 확인해 봅시다.
문제를 풀며 글을 한 번 더 찬찬히 읽어 보세요!

1. 이 글의 내용을 잘 이해한 사람을 찾아봅시다

   ① 상지 "열대 지역은 일 년 내내 덥고 건조해."
   ② 연수 "우리나라는 중위도에 있어서 차가운 기온이구나."
   ③ 경우 "우리나라는 추위와 더위 모두 대비해야 해."
   ④ 성재 "태백산맥 덕분에 우리나라의 서쪽이 동쪽보다 안 추운 거야."

2. 이 글을 읽고 다음 설명에 맞는 것은 무엇일까요?

   > 기온을 나타내는 기후 지도에 나타나는 것으로, 기온이 같은 지점을 연결한 선을 말합니다.

   ① 기온선　　　② 등고선　　　③ 기후선　　　④ 등온선

3. 우리나라 기후에 대해 설명하는 말로, 다음 빈칸을 채워 넣으세요.

   우리나라는 사계절 차이가 커 여름철과 겨울철의 평균 기온은 ____ ℃가 넘게 차이 납니다. 대체로 ____ 이 북쪽에 비해 기온이 높습니다. 강수량은 겨울에 비해 여름이 많은데, 비가 집중적으로 내리는 기간을 ____ 라고 합니다. ____ 는 눈이 많이 내려 겨울에도 강수량이 많습니다.

✏️ **한 줄 글쓰기!**

만약 냉대 지역을 여행한다면 어떤 준비물이 필요할까요? 그 이유도 함께 소개해 주세요.

배경지식을 쌓는 사회 이야기

우리나라는 대륙성 기후가 나타나고 계절풍이 불어요

11

　우리나라는 사계절이 뚜렷하고 여름과 겨울의 기온 차이가 큰 편이에요. 이것을 '연교차가 크다'고 말해요. 연교차는 일 년 동안 측정한 기온의 최댓값과 최솟값의 차이를 말합니다. 한마디로 여름은 몹시 무덥고, 겨울은 엄청나게 춥다는 이야기입니다. 우리나라는 왜 이렇게 연교차가 큰 걸까요? 그것은 우리나라의 지리를 살펴보면 알 수 있습니다.

　우리나라는 겨울에는 대륙으로부터 차가운 바람이 불어오고, 여름에는 바다로부터 따뜻하고 습한 바람이 불어 연교차가 큽니다. 이러한 기후를 '대륙성 기후'라고 합니다.

　대륙성 기후의 특징은 연교차와 일교차가 크다는 것입니다. 일교차는 하루 동안 기온과 습도, 기압 등이 변화하는 차이를 말합니다. 보통 해안가보다는 내륙 지역이 일교차가 더 크고, 흐리거나 비 오는 날보다는 맑은 날이 일교차가 더 크게 납니다. 내륙이 해안가보다 일교차와 연교차가 큰 이유는 공기 중에 수증기가 적어 맑은 날이 더 많고 지표면이 수면보다 태양열을 받으면 더 쉽게 뜨거워지고, 식기 때문입니다.

　한편 기후는 바람의 영향을 많이 받습니다. 우리나라의 사계절이 다른 기후를 보이는 것도 바람의 영향이 큽니다. 우리나라는 계절마다 바람의 방향이 바뀝니다. 이렇게 계절마다 다른 바람을 '계절풍'이라고 합니다.

　우리나라는 여름에 먼 태평양으로부터 덥고 습한 바람이 불어옵니다. 우리나라의 남동쪽에서 불어오기 때문에 남동풍이 분다고 이야기합니다. 반면 겨울에는 우리나라 북서쪽에 있는 시베리아에서 차갑고 건조한 바람이 불어옵니다. 이 바람을 시베리아 북서풍이라고 하지요. 그래서 여름에는 덥고 습하며, 겨울에는 차갑고 건조한 것입니다.

우리나라 뉴스에 자주 등장하는 바람이 있는데 바로 편서풍입니다. 편서풍은 중위도 지역에 나타나는 서쪽에서 동쪽으로 부는 바람입니다. 중위도에 위치한 우리나라는 편서풍의 영향을 아주 많이 받습니다. 겨울철과 봄철에는 이 편서풍을 타고 서쪽 지역으로부터 황사나 미세 먼지가 많이 날아옵니다.

늦은 봄에서 초여름까지 동해 쪽에서 습한 바람이 불어오는데, 그 바람이 높은 태백산맥을 넘어서면서 습기를 잃고 온도가 높아집니다. 그 결과, 태백산맥을 넘은 다음부터 건조하고 더운 바람으로 바뀌어 서쪽으로 불어옵니다. 그래서 태백산맥을 기준으로 동쪽보다 서쪽이 더 덥습니다. 이렇게 높은 산을 넘어오면서 바람의 성질이 건조해지고 더워지는 현상을 '푄 현상'이라고 합니다. 태백산맥에서 푄 현상이 나타나 서쪽으로 더운 바람이 불게 되는데 이 바람을 '높새바람'이라고 부릅니다.

이처럼 바람은 어떤 기후가 나타나는지를 결정짓는 중요한 요소입니다. 바람의 성질을 잘 알고 있으면 날씨 현상에 대해서도 잘 이해할 수 있답니다.

 **낱말 찾기**

두두야. 잘 봐,
이 낱말들을 알면 더 쉽게 이해돼!

- ★ **최댓값** : 가장 큰 값.
- ★ **최솟값** : 가장 작은 값.
- ★ **습도** : 공기 중에 수증기가 들어 있는 정도.
- ★ **기압** : 대기의 무게 때문에 생기는 압력.
- ★ **내륙** : 바다에서 멀리 떨어져 있는 육지.
- ★ **태평양** : 오대양 중 하나로, 가장 큰 바다이다.
- ★ **중위도** : 저위도와 고위도의 중간으로 위도 20~50도를 일컫는다.
- ★ **성질** : 사물이나 현상이 지닌 고유한 특성.

📝 **두두에게 이 낱말을 설명해 주세요.**

두두야, **'중위도'** 이라는 말은

오, 근데 잠깐만!
인간, '중위도'라는 말은
무슨 뜻이라고 했지?

 **진짜 읽기**

글을 잘 읽고 이해했는지 확인해 봅시다.
문제를 풀며 글을 한 번 더 찬찬히 읽어 보세요!

1. **다음 중 알맞은 쪽을 선택해 주세요.**

   ① 일년간 측정한 기온의 가장 큰 값과 작은 값의 차이를 (일교차/연교차)라고 한다.

   ② 태양열로 표면이 더 빨리 데워져서 일교차와 연교차가 큰 지역은 (내륙/해안) 지역이다.

   ③ 겨울철에는 (시베리아/태평양)에서 북서풍이 불어 기온이 떨어진다.

   ④ 우리나라는 겨울철과 봄철에 (남동풍/편서풍)의 영향을 받는다.

2. **이 글을 읽고 다음 설명에 맞는 것은 무엇일까요?**

   > 겨울에는 대륙에서 차가운 바람이 불어오고, 여름에는 바다로부터 따뜻하고 습한 바람이 불어 연교차가 큰 기후를 말합니다.

   ① 해양성 기후   ② 푄 현상   ③ 대륙성 기후   ④ 편서풍

3. **계절풍에 대해 설명하는 말로, 다음 빈칸을 채워 넣으세요.**

   계절마다 다른 바람이 부는 걸 _____이라고 합니다. 우리나라는 여름에는 태평양으로부터 _____이 불고, 겨울에는 시베리아에서 _____이 불어옵니다. 또 겨울철, 봄철에는 _____이 불어 미세 먼지가 나빠지기도 합니다. 늦봄부터 초여름까지 태백산맥에서 _____이 나타나 서쪽으로 더운 바람이 부는데 이를 _____이라고 합니다.

✦ **한 줄 글쓰기!**

우리나라에 부는 계절풍 가운데 하나를 소개해 주세요.

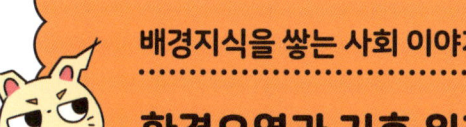

배경지식을 쌓는 사회 이야기
환경오염과 기후 위기로 인해 자연재해가 심해져요

자연환경은 기후에 따라 다른 모습을 띕니다. 열대 지역은 무덥고, 온대 지역은 따뜻하며, 냉대 지역은 서늘하고, 한대 지역은 혹독한 추위가 나타납니다. 그에 따라 열대 우림, 사막, 평야, 초원, 산지, 해안 등 다양한 자연환경이 생겨났습니다.

그런데 간혹 기후와 같은 자연 현상으로 인해 무시무시한 재난이 일어나기도 합니다. 이것을 '자연재해'라고 합니다. 태풍, 가뭄, 지진, 홍수 등이 대표적인 자연재해입니다. 자연재해는 인간의 힘으로 막을 수 없을 정도로 엄청난 피해를 줍니다.

매년 여름, 가을철이 되면 우리나라는 태풍으로 크고 작은 피해를 입습니다. 태풍은 강한 비를 뿌리는 거센 바람을 말합니다. 태풍은 열대 지역의 더운 바다에서 생겨납니다. 지구의 자전으로 인해 태풍이 회전하게 되면서 이동합니다. 태풍이 올 때마다 도로와 건물이 물에 잠기거나 애써 키운 농작물을 망치는 피해를 입습니다.

또 다른 재해로는 가뭄이 있습니다. 가뭄은 비가 적게 내려서 땅이 바짝 마르는 상태를 말합니다. 가뭄이 심해지면 작물이 자라기 어렵고 물도 부족해집니다. 그로 인해 사람들은 식량과 마실 물이 없어 고통받게 됩니다. 가뭄이 심해 건조한 상태에는 산불이 나기도 쉽습니다.

봄철이면 중국의 사막에서 불어오는 황사도 자연재해의 일종입니다. 강한 바람을 타고 오는 황사는 사람들의 건강을 해치고 시설물에 큰 문제를 일으킵니다.

자연재해는 우리 삶을 위협하는 큰 재난이므로 잘 대비해야 합니다. 태풍의 피해를 막기 위해 방파제를 만들고, 배수 시설을 잘 정비해야 하지요. 가뭄에 대비하기 위해서 댐이나 저수지를 만들어 물을 저장하고, 물을 아껴 씁니다. 또 황사가 심한 날에는 외출을 삼가고 마스크를 써서 건강을 지키도록 합니다.

최근에는 이상 기후로 인해 자연재해가 더 강하게, 자주 발생합니다. 이상 기후의 주요 원인으로 지구의 대기가 점점 뜨거워지는 지구 온난화를 꼽습니다. 인간이 산업 활동을 하며 만들어 내는 온실 가스 때문에 지구 온난화가 더 심해지고 있습니다. 최근 심각한 문제가 된 미세 먼지 역시 매연과 같은 환경 오염으로 생겨난 인공 재해입니다. 환경 오염은 이전에 본 적이 없는 이상한 기후 현상을 만들어 냅니다. 이 이상 기후로 인해 사람들은 크나큰 고통을 당하고 있습니다.

동남아시아 벵골만 지역에는 태풍이 점점 강해져서 강한 비바람과 홍수로 인해 논밭이 물에 잠기고 집을 잃는 사람들이 늘고 있습니다. 지구 열대화로 자꾸 뜨거워지는 기온 때문에 전 세계 곳곳에 가뭄도 심각한 상황입니다. 호주와 미국은 심각한 가뭄으로 일어난 산불 때문에 큰 피해를 입었습니다.

이뿐만이 아닙니다. 지구 열대화로 인해 극지방의 빙하가 녹으면서 점점 육지가 바다에 잠기는 '해수면 상승'이 나타납니다. 태평양의 섬나라들은 육지가 물에 잠겨 살 곳을 잃어 다른 나라로 이주해야 하는 상황입니다.

이런 문제를 해결하려면 기후 위기를 멈출 방법을 찾아야 합니다. 최근에는 지구 온난화 시대를 넘어서 지구 열대화 시대가 시작되었다고 말합니다. 지구 열대화 시대를 막기 위해서는 환경을 보호하고 화석 연료 대신에 재생 에너지를 사용해야 합니다. 그래야만 점점 심해지는 기후 위기와 자연재해로부터 안전하게 살아갈 수 있을 것입니다.

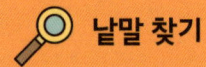 **낱말 찾기**

두두야. 잘 봐,
이 낱말들을 알면 더 쉽게 이해돼!

- ★ **열대 우림** : 적도 부근의 열대 지방에는 일 년 내내 기온이 높고 비가 많이 내려서 산림이 발달하는데, 이 열대 지방의 산림을 일컫는 말이다.
- ★ **초원** : 풀이 나 있는 들판. 산림이 발달하지 않은 상태다.
- ★ **이롭다** : 이익이 있다.
- ★ **재난** : 예상치 못하게 일어난 재앙과 고난.
- ★ **자전** : 천체가 고정된 축을 중심으로 스스로 회전함.
- ★ **해수면** : 바닷물의 표면.
- ★ **배수** : 안에 있는 물을 퍼내거나 다른 곳으로 내보냄.
- ★ **대기** : 천체의 표면을 둘러싼 기체, 공기를 말한다.
- ★ **극지방** : 남극과 북극을 중심으로 한 주변 지역.

📋 **두두에게 이 낱말을 설명해 주세요.**

두두야, **'열대 우림'**이라는 말은

오, 근데 잠깐만!
인간, '열대 우림'이라는 말은 무슨 뜻이라고 했지?

 **진짜 읽기** | 글을 잘 읽고 이해했는지 확인해 봅시다.
문제를 풀며 글을 한 번 더 찬찬히 읽어 보세요!

1. 이 글의 내용을 잘 이해한 사람을 모두 찾아봅시다.

   ① 미연 "지구 온난화로 인해 이상 기후가 점점 심해져서 날씨를 예측할 수 없어."

   ② 수경 "태풍 피해를 막기 위해 방파제와 저수지를 만들어야 해."

   ③ 유림 "재해는 항상 자연 현상 때문에 일어나는 거구나."

   ④ 시우 "해수면 상승으로 섬나라들이 잠긴다니 기후 위기를 막아야 해."

2. 이 글을 읽고 다음 설명에 해당하는 것은 무엇일까요?

   > 지구 온난화가 주요 원인이 되어 생겨나며 이전에는 본 적이 없어 예측할 수 없는 기후 현상을 말합니다.

   ① 지구 열대화   ② 기후 위기
   ③ 인공 재해   ④ 이상 기후

3. 환경오염과 기후 위기에 대해 설명하는 말로, 다음 빈칸을 채워 넣으세요.

   동남아시아 _____ 지역은 태풍과 홍수로 논밭이 잠기고 집을 잃는 피해를 입고 있으며, _____ 은 산불로 큰 피해를 입었습니다. 또한 극지방의 _____ 가 녹아 육지가 바다에 잠기는 _____ 이 나타납니다. 우리는 기후 위기를 멈추기 위해 화석 연료 대신 _____ 를 사용해야 합니다.

✎ **한 줄 글쓰기!**

기후 위기를 막기 위해 어떤 활동을 해야 할까요? 그 이유도 소개해 주세요.

_____

더 깊은 배경지식을 위해 알아야 하는 우리나라의 공업 지역

지리는 사람들이 사는 모습과 조건을 결정짓는 아주 중요한 요소예요. 인간 생활의 기본인 의식주는 물론이고 그 지역의 어떤 산업이 발달하는지에도 큰 영향을 주지요. 지리에 따라 그 지역의 주요 산업이 달라진다고 해도 과언이 아니랍니다. 농업, 수산업, 임업 같은 자연환경에서 생산품을 만드는 1차 산업은 지리가 더욱 중요하지요. 또한 자연에서 얻은 재료를 가공해서 더 가치 있는 물건을 만드는 산업인 공업 역시도 지리의 영향을 받는답니다.

공업은 1차 산업에서 얻은 자원을 가공해 새로운 물건이나 에너지를 만들기 때문에 2차 산업이라고도 해요. 재료를 가져와 제품을 만들어야 하기 때문에 교통이 매우 중요해요. 또한 기술을 써서 새로운 제품을 만들기 때문에 기술을 가진 사람, 즉 노동력이 무척 중요한 산업이랍니다. 또한 공업에 필요한 공장 설비가 마련되어야 하지요. 그래서 지리적으로 교통이 좋고, 사람들이 많이 모여 사는 도시에 공업 지역이 만들어진답니다.

우리나라의 최대 공업 지역은 바로 수도권 공업 지역이에요. 수도 서울과 서울을 둘러싼 경기, 인천 지역을 수도권이라고 부릅니다. 한강이 흐르는 수도 서울은 예로부터 정치, 경제, 교육의 중심지였기에 다양한 기반 시설이 갖춰져 있습니다. 육로는 물론, 인천을 통해 바닷길도 나아갈 수 있어 교통이 발달했지요. 또한 우리나라 인구의 절반이 수도권에 살기 때문에 경공업에서 첨단 산업까지 다양한 공업에 필요한 노동력을 얻기 쉬워요. 또한 공업으로 만들어 낸 제품을 소비할 사람들도 많아 여러모로 좋은 조건을 갖춘 지역이랍니다.

공업을 하려면 제품을 만들 원료가 필요합니다. 하지만 우리나라는 지하자원이 부족한 편이라 공업에 필요한 원료를 주로 수입해서 써야 하지요. 그렇다 보니 해외에서 원료를 사들여 오는 항구가 있는 지역에 공업이 발달했습니다. 항구가 있는 부산, 울산, 포항 같은 지역이 그러한 경우랍니다. 이 지역은 우리나라 남동쪽 해안가에 있어 남동 임해 공업 지역이라고 합니다. 우리나라 제2의 공업 지역이며 제철, 석유화학, 조선 같은 중화학 공업이 발달했습니다.

수도권과 가까운 내륙 지역인 천안, 대전 등에는 충청 공업 지역이 있습니다. 이 지역에는 수도권의 공업이 일부 나뉘어 있으며, 대덕연구단지를 중심으로 첨단 산업이 이루어지고 있지요. 또한 수도권과 남부 지역을 잇는 위치 덕분에 육로 교통의 중심지로 발달해 왔습니다.

지하자원이 부족한 우리나라이지만 강원도 태백산 일대인 강원도 남부, 충청북도 일부, 경상북도 일부 지역에는 석탄과 석회석이 많이 납니다. 여기를 태백산 공업 지역이라고 불러요. 유일하게 원료가 나서 발달한 공업 지역이랍니다. 1960년대에는 주로 석탄을 떼어 난방을 하고 전기를 만들었기 때문에 석탄을 캐는 광업이 발달했습니다. 그러나 시간이 흐르며 에너지를 만드는 방식이 바뀌면서 석탄 산업은 크게 줄어든 상태입니다. 또한 석회석으로 시멘트를 만드는 시멘트 공업이 발달했습니다. 이 지역은 산지가 많아 교통이 좋지 않다는 어려움이 있어요. 교통이 좋아지면 더 큰 공업 지역으로 발달할 가능성이 크답니다.

대구, 구미를 중심으로 영남 내륙 공업 지역이 있어요. 분지 지형인 대구에는 사람들이 모여 살아 노동력이 풍부한 편이어서 섬유 산업 같은 경공업이 발달했습니다.

전라도의 군산, 장항, 목포에는 호남 공업 지역이 있습니다. 이 지역은 상대적으로 늦게 공업이 시작되었어요. 광양, 여수, 순천 등은 중화학 공업이 발달했으며 중국과 가깝기 때문에 교역하기에 좋아 황해안 지역을 중심으로 발달했습니다.

경제는 사회를 단단히 지탱해 주는 인간의 활동입니다. 경제에 대해 잘 이해할수록 우리 사회에서 일어나는 다양한 일들을 잘 파악하고 알 수 있게 되지요. 자, 이번에는 경제에 대해서 쉽고 재미있게 알아볼까요?

3장

우리나라의 경제에 대해 살펴보아요

배경지식을 쌓는 사회 이야기

경제는 우리 사회를 뒷받침하는 중요한 활동이에요

13

우리는 흔히 경제라는 말을 많이 합니다. 뉴스에서도 "경제가 좋지 않다." "경제를 잘 알아야 한다." "경제가 문제다."처럼 경제에 대한 말이 매일 같이 나오지요. 경제는 무엇이기에 이렇게나 자주 이야기되는 걸까요? 경제에 대한 말이 이렇게 많이 나오는 이유는 그만큼 현대 사회에서 경제가 아주 중요하기 때문이에요. 경제는 우리 사회를 뒷받침하는 인간의 활동이랍니다. 인간은 사회를 이루고 공동생활을 하기 위해 힘을 모아 작물이나 물건을 생산하고 그것을 사회 구성원들과 나누어 가졌습니다. 이렇게 공동생활을 위해 필요한 물건을 만들고 나누어 쓰는 활동과 그 활동으로 생겨난 사회 관계를 경제라고 합니다. 경제 활동은 생산 활동, 분배 활동, 소비 활동으로 크게 나눌 수 있어요.

먼저 생산 활동에 대해 살펴볼게요. 생산은 말 그대로 사회 구성원들이 '무언가를 만들어 내는 활동'이에요. 생산 활동으로는 주로 우리가 살아가는 데 필요한 물건 즉 '재화'를 만들어 냅니다. 예를 들어 농사를 지어서 쌀을 만드는 것, 바다에 나가 고기를 잡는 것, 쌀을 가공해서 떡을 만드는 것, 바다에서 잡은 고기를 통조림으로 만드는 것들이 모두 생산 활동이랍니다. 물건만이 아니라 서비스도 만들어 낼 수 있어요. 서비스는 우리가 생활하면서 필요한 부분을 만족시키는 활동을 말해요. 예컨대, 생산된 물건을 예쁘게 포장하는 일, 내가 산 물건을 집 앞까지 옮겨다 주는 배달도 서비스 활동입니다. 이렇게 생산 활동은 재화와 서비스를 만들어 내는 활동을 말합니다.

이번에는 분배 활동에 대해 알아볼까요? 분배는 생산 활동으로 만들어 낸 재화와 서비스를 사회 구성원들이 나누어 갖는 것을 말해요. 생산으로 얻은 이익을 '소득'이라고 하는데요, 생산 활동을 한 사람들은 그 대가로 소득을 얻습니다. 혹은 회사에서 일한 대가로 임금, 즉 돈을 받습니다. 생산 활동에서 얻은 이익이 크면 클수록 소득도 커지게 됩니다. 또 회사에서는 이익이 생기는 데 얼마나 많이 기여했느냐에 따라 임금이 달라집니다. 많이 기여할수록 더 많이 받게 됩니다.

마지막으로 소비를 살펴볼게요. 소비는 분배 활동으로 생긴 돈을 가지고 물건을 사거나 서비스를 이용하는 것을 말합니다. 다시 말해 일해서 번 돈으로 필요하거나 사고 싶은 물건을 사는 활동이지요. 예를 들어 마트에 가서 식재료를 사는 것, 입고 싶은 옷을 사는 것은 소비 활동입니다. 우리를 만족시키는 서비스를 이용하는 것도 마찬가지입니다. 보고 싶은 영화를 보는 것, 여행을 가는 것도 일종의 소비를 하는 것이지요.

현대 사회를 사는 우리는 생산, 분배, 소비 활동을 하며 살아갑니다. 이를테면 직접 생산물을 만들거나 회사에 출근해 일을 하면서 우리는 재화나 서비스를 만들어 냅니다. 즉 생산 활동을 하는 거죠. 생산 활동으로 한 대가로 소득을 벌거나 임금을 받습니다. 이것은 분배 활동에 해당됩니다. 이렇게 받은 돈으로 필요하거나 원하는 물건을 사는 소비 활동을 하지요.

그래서 이 세 가지 활동 중 어느 하나 원활하지 못하면 다른 활동에도 나쁜 영향을 끼칩니다. 예를 들어 생산이 잘되지 않으면 이익이 줄어들게 되므로 개인의 소득이나 임금으로 받는 돈이 적어집니다. 개인이 버는 돈이 적으면 물건을 덜 사게 되어 소비도 줄어듭니다. 소비가 줄어들면 물건이 덜 팔려 기업이 버는 돈이 적어집니다. 자연스럽게 기업이 생산을 위해 쓸 자원도 줄어들어 결국 생산에도 안 좋은 영향을 줍니다. 경제가 좋으려면 생산, 분배, 소비 활동이 모두 잘 이루어져야 합니다.

 **낱말 찾기**

두두야. 잘 봐,
이 낱말들을 알면 더 쉽게 이해돼!

- ★ **구성원** : 어떤 단체를 이루고 있는 사람.
- ★ **재화** : 사람이 원하는 바를 충족시켜 주는 모든 물건.
- ★ **회사** : 재산의 이익을 내기 위한 목적으로 만들어진 단체.
- ★ **대가** : 일을 하고 그에 대한 값으로 받는 돈이나 물품.
- ★ **임금** : 근로자가 노동의 대가를 받는 보수.
- ★ **이익** : 총 벌어들인 수입에서 비용을 뺀 나머지 액수.
- ★ **기여** : 도움이 되도록 함.
- ★ **자원** : 경제의 생산 활동에 이용되는 재료나 노동력, 기술을 통틀어 말함.

📝 두두에게 이 낱말을 설명해 주세요.

두두야, '**재화**'라는 말은

 **진짜 읽기** 글을 잘 읽고 이해했는지 확인해 봅시다.
문제를 풀며 글을 한 번 더 찬찬히 읽어 보세요!

1. 3번째 문단의 제목을 붙인다면 무엇이 알맞을까요?

    ① 경제의 세 가지 활동　　② 분배 활동과 소득의 관계

    ③ 분배 활동의 정의와 발전　④ 생산, 분배, 소비의 관계

2. 다음 중 경제가 원활하기 위한 세 활동에 대해 알맞지 않은 설명을 모두 고르세요.

    ① 생산이 잘되면 이익이 줄어들어 개인이 소득이 줄어든다.

    ② 개인의 소득이 줄어들면 소비도 줄어들게 된다.

    ③ 경제가 좋으려면 생산과 소비만 잘 이루어져도 된다.

    ④ 소비가 줄어들면 기업의 이익이 줄어들어 생산에도 악영향을 준다.

3. 경제에 대한 설명으로 다음 빈칸을 채워 넣으세요.

    경제 활동은 크게 _____, _____, _____ 으로 나눌 수 있습니다. 생산 활동은 우리에게 필요한 _____ 를 만드는 것으로 여기에는 물건과 _____ 가 해당됩니다. 분배는 생산으로 얻은 이익인 _____ 을 대가로 받는 것으로, 회사에서는 _____ 을 대가로 받습니다. 분배 활동으로 생긴 돈으로 물건을 사거나 서비스를 이용하는 소비 활동을 합니다.

✎ **한 줄 글쓰기!**

내가 만약 생산자라면 어떤 제품이나 서비스를 만들고 싶은가요? 그 이유도 함께 소개해 주세요.

―――――――――――――――――――――――――――――

배경지식을 쌓는 사회 이야기
보이지 않는 손이 가격을 만든다고요?

현대 사회는 주로 '시장 경제'로 이루어져 있어요. 경제는 앞서 알아보았는데, 시장은 무엇을 뜻하는 말일까요? 바로 경제 활동이 이루어지는 장소를 말합니다. 다시 말해 시장 경제란 시장에서 거래가 이루어지는 경제라는 말이지요.

시장이라면 우리가 장을 보러 가는 그 시장을 말하는 거냐고요? 과거에는 그랬어요. 넓고 커다란 장터에서 물건을 팔거나 사는 것으로 경제 활동을 했습니다. 그러나 지금은 물건 말고도 다양한 서비스를 사고팔 수 있어요. 또한 온라인으로도 물건을 사거나 팔 수 있어요. 그래서 오늘날에는 무언가를 사거나 파는 일, 즉 '거래'가 이루어지는 모든 곳이 시장이 됩니다.

시장에서 우리는 자유롭게 물건을 팔거나 삽니다. 물건을 파는 쪽은 더 많은 물건을 팔기 위해 서로 경쟁하기도 합니다. 그렇게 경쟁해서 얻은 이익은 자신의 재산이 됩니다. 개인이 자유롭게 사거나 쓸 수 있는 재산을 '사유 재산(私有財産)'이라고 말해요. 시장 경제는 사유 재산을 인정하는 경제 체제입니다. 그러니까, 시장 경제는 개인이 누구나 자유롭게 일해서 돈을 벌고, 또 그 돈을 쓸 수 있는 사회라는 이야기이지요.

그런데 시장에서 거래가 이루어지는 데 아주 중요한 조건이 있습니다. 바로 가격입니다. 가격은 물건이 지닌 가치를 돈으로 나타낸 값입니다. 물건의 가치가 높을수록 가격이 비싸지고 물건의 가치가 낮을수록 가격이 싸집니다. 그런데 이 물건의 가치는 어떻게 정해지는 걸까요? 물건을 파는 판매자가 물건의 가격을 정합니다. 그런데 한번 정한 가격은 끝까지 바뀌지 않을까요? 아니에요. 물건의 가격은 상황에 따라 달라집니다. 바로 시장에서 물건의 가격이 조정되기 때문입니다.

만일 바구니를 파는 판매자가 시장에서 만 원에 판다고 해 볼게요. 그런데 옆집에 비슷한 바구니가 9천 원에 팔아요. 앞집에서는 8천 원에 바구니를 팔고 있습니다. 소비자는 당연히 세 판매자 중에서 가격이 제일 싼 8천 원짜리 바구니를 사겠지요. 이것은 바구니를 사려는 사람보다 바구니를 팔려는 사람이 더 많아서 생기는 상황이랍니다.

시장에서 어떤 물건이나 서비스를 사려고 하는 것을 '수요'라고 합니다. 그리고 시장에서 팔려고 하는 물건이나 서비스를 '공급'이라고 합니다. 쉽게 말해 사려는 측이 '수요'이고, 팔려는 측이 '공급'인 셈입니다. 이 바구니 거래의 경우, 수요보다 공급이 많습니다. 수요보다 공급이 많을 때는 가격이 싸집니다. 소비자가 만 원짜리 바구니보다 8천 원짜리 바구니를 선택하기 때문입니다. 만 원짜리 바구니를 파는 판매자도 가격을 낮추지 않으면 바구니가 팔리지 않겠지요. 그래서 바구니를 8천 원으로 낮출 것입니다. 어쩌면 다른 가게보다 더 바구니를 많이 팔기 위해 7천 원까지 가격을 내릴 수도 있을 것입니다.

그런데 갑자기 나들이를 가려는 사람이 많아 바구니를 사려는 사람들이 늘어났습니다. 8천 원 바구니가 다 떨어지면 9천 원, 만 원짜리 바구니라도 사려고 하겠지요. 바구니 수는 한정되어 있는데, 사려는 사람들이 늘어나니 바구니 값을 만천 원으로 올렸습니다. 그래도 사람들이 너도나도 사려고 한다면 돈을 더 많이 내는 사람에게 바구니를 팔겠지요. 그렇게 바구니를 찾는 사람들이 늘어나면 바구니의 가치도 올라가 가격이 높아지는 것입니다.

이렇게 시장에서 물건의 가격은 수요와 공급에 따라 조정됩니다. 높은 가격으로 팔려는 판매자와 낮은 가격으로 사려는 소비자가 서로 조율하면서 가격이 정해진다는 것입니다. 이것에 대해 '시장에는 보이지는 않지만 마치 가격을 조정하는 존재가 있는 것 같다'고 하여 가격을 조정하는 '보이지 않는 손'이라고 부릅니다.

 **낱말 찾기**

두두야. 잘 봐,
이 낱말들을 알면 더 쉽게 이해돼!

- ★ **거래** : 어떤 것을 사고팔다.
- ★ **경쟁** : 목적이 같아서 서로 이기려고 다툼.
- ★ **체제** : 생기거나 이루어진 틀.
- ★ **조건** : 어떤 일이 이루어지기 위해 갖춰야 하는 상태 혹은 요소.
- ★ **조정** : 어떤 기준이나 실제 사정에 맞게 고쳐지거나 정리됨.
- ★ **나들이** : 가까운 곳에 잠시 다녀오는 일.
- ★ **조율** : ① 악기의 음을 표준음에 맞게 고르는 일. ② 어떤 문제를 알맞게 조정하는 것을 비유적으로 이르는 말.

📋 **두두에게 이 낱말을 설명해 주세요.**

두두야, '**조율**'이라는 말은

오, 근데 잠깐만!
인간, '**조율**'이라는 말은
무슨 뜻이라고 했지?

 **진짜 읽기** 글을 잘 읽고 이해했는지 확인해 봅시다.
문제를 풀며 글을 한 번 더 찬찬히 읽어 보세요!

1. 다음 중 알맞은 쪽을 선택해 주세요.

   ① 현대 사회는 (시장 경제/사유 재산)(을)를 인정하는 (시장 경제/사유 재산) 체제이다.

   ② 시장에서 거래가 이루어지는 데는 (재산/가격)이 중요한 조건이 된다.

   ③ 물건의 가격을 결정하는 것은 (수요와 공급/물건의 가치)에 따라 달라진다.

   ④ 물건의 가격이 비싸지는 것은 (공급/수요)(이)가 (공급/수요)보다 더 많은 것이다.

2. 이 글을 읽고 다음 설명에 해당하는 것은 무엇일까요?

   > 시장에서 소비자와 판매자가 서로 조율하며 물건의 가격이 조정되는 현상을 말하며 마치 가격을 조정하는 유령처럼 보이지 않는 존재가 있다고 여겼다.

   ① 보이지 않는 손　　　② 수요와 공급
   ③ 사유 재산　　　　　④ 시장 경제 체제

3. 시장 경제와 거래에 관한 설명으로 다음 빈칸을 채워 넣으세요.

   시장 경제에서 시장은 _____가 이루어지는 모든 곳을 말하며, _____을 인정하는 경제 체제입니다. 시장에서 거래는 _____에 따라 이루어지며, 이 가격은 물건을 사려는 _____와 물건을 팔려는 _____에 따라 결정됩니다. 이 현상을 _____이라고 부릅니다.

✎ **한 줄 글쓰기!**

최근 가격이 올랐다고 생각되는 물건이 있나요? 왜 오른 것 같은지 그 이유도 함께 소개해 주세요.

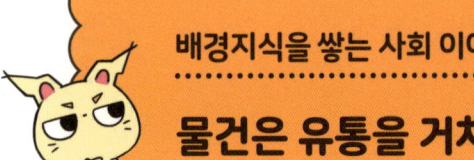

배경지식을 쌓는 사회 이야기

물건은 유통을 거쳐 소비자에게 와요

우리는 필요한 물건이 있으면 어디로 가나요? 바로 상점으로 갑니다. 내가 사고 싶은 물건을 파는 상점에 가거나 대형 마트, 백화점을 찾아가지요. 마트에 가면 아주 많은 상품들이 판매되고 있습니다. 우리나라 각지에서 난 물건들이 모두 모여 있지요. 다른 나라에서 만든 제품들도 모여 있습니다. 상점에 가면 우리는 다양한 물건을 비교해서 보고 내가 원하는 물건을 간편하게 살 수 있습니다.

만일 상점이 없다면 우리는 물건을 사기 위해 어떻게 해야 할까요? 바로 물건을 만드는 생산지로 가야 할 것입니다. 수박을 사기 위해 수박을 재배하는 곳까지 가야 하고, 연필 한 자루를 사기 위해 연필 공장을 찾아가야 할지도 모릅니다. 다른 나라에서 난 물건을 사려면 직접 비행기를 타고 그 나라를 가거나 아예 사지 못하겠지요. 이렇게 소비자가 물건을 일일이 사러 다니는 것은 무척이나 불편하고 사실 불가능합니다.

그럼 다양한 지역에서 물건을 만드는 생산자와 소비자는 어떻게 만날 수 있을까요? 이 둘을 만나게 해 주는 이가 따로 있습니다. 바로 '유통'입니다. 유통은 생산자와 소비자를 연결해 주는 역할을 합니다. 생산지에서 난 물건이 여러 과정을 거쳐 소비자에게 다다르는 것을 '유통 과정'이라고 말한답니다.

생산자가 만든 물건은 어떻게 소비자에게 도달할까요? 먼저 생산자에게 직접 찾아가 물건을 사는 상인이 있습니다. 이 상인들을 도매상인이라고 합니다. 도매상인은 생산자에게 직접 찾아가 많은 물건을 한꺼번에 사기 때문에 저렴한 가격에 물건을 살 수 있습니다. 그리고 저렴하게 산 많은 물건에 이익을 붙여서 되팝니다. 누구에게 되팔까요? 바로 소매상입니다. 도매상인은 주로 소매상인에게 물건을 팝니다.

소매상은 도매상이 파는 물건을 적당하게 사와서 소비자에게 직접 팝니다. 그러니 소매상은 소비자가 쉽게 찾아올 수 있도록 소비자 근처에 있어야겠지요? 소매상은 우리 주변에 흔히 볼 수 있는 상점을 운영하는 상인입니다. 집 밖에 나와서 만나는 문구점, 미용실, 옷가게들은 모두 소매상인이 운영하는 상점입니다.

반면 도매상은 한꺼번에 많은 물건을 사오기 때문에 상점도 넓은 공간에 있어야 합니다. 그러다 보니 소매상인의 상점보다는 소비자 근처에 있기 어렵지요. 또한 각지에서 소매상이 찾아올 수 있도록 비슷한 도매상끼리 모여서 장사하는 경우가 많습니다. 그래서 소비자는 도매상보다는 주로 소매상을 만날 수 있습니다.

그런데 최근에는 온라인 상점이 많아지면서 소비자가 도매상과 거래하는 일이 늘어났습니다. 물건을 사기 위해 도매상인이 운영하는 상점까지 가지 않아도 온라인으로 살 수 있게 된 것이지요.

거대한 기업이 운영하는 유통 업체인 대형 마트가 나타나면서 소비자들은 더 편하게 물건을 만날 수 있게 되었습니다. 대형 마트를 운영하는 기업은 도매상과 소매상이 하는 역할을 대신합니다. 수많은 생산자에게서 직접 물건을 사와서 할인된 가격으로 소비자에게 판매하지요. 소비자들은 다양한 상품을 한 눈에 볼 수 있어 장보기에 편리한 대형 마트를 많이 이용합니다. 대형 마트로 소비자들이 몰리자 전통적인 도매상인과 소매상인들은 이익이 줄게 되어 어려움을 겪기도 합니다. 그래서 이 문제를 해결하기 위한 방안이 필요합니다.

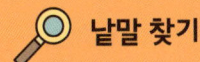 **낱말 찾기**

두두야. 잘 봐,
이 낱말들을 알면 더 쉽게 이해돼!

- ★ **각지** : 각 지방 또는 여러 곳.
- ★ **생산지** : 어떤 물품을 만들어 내는 곳. 혹은 어떤 것이 저절로 생겨나는 곳.
- ★ **도달** : 가려는 곳이나 수준에 다다름.
- ★ **소매상** : 물건을 생산자나 도매상에게 사들여 소비자에게 파는 일(소매)을 하는 사람.
- ★ **기업** : 재산의 이익을 얻기 위해 물건이나 노동을 만들어 내고 판매하는 단체. 기업을 만드는 자금을 낸 형태에 따라 사기업, 공기업, 공사합동기업으로 나뉜다.
- ★ **할인** : 값에서 얼마를 뺌.

📋 두두에게 이 낱말을 설명해 주세요.

두두야, **'소매상'**이라는 말은

오, 근데 잠깐만!
인간, '소매상'이라는 말은 무슨 뜻이라고 했지?

 **진짜 읽기**   글을 잘 읽고 이해했는지 확인해 봅시다.
문제를 풀며 글을 한 번 더 찬찬히 읽어 보세요!

1. 다음 중 물건의 유통 과정으로 알맞지 않은 순서는 무엇일까요?

   ① 딸기밭 → 농수산물 공판장 → 과일 가게
   ② 지역 떡 가게 → 온라인 마켓 → 소비자
   ③ 과자 공장 → 대형마트 → 생산자
   ④ 농수산물 공판장 → 도매상 → 채소 가게

2. 다음을 분류하는 말로 적합한 것을 고르세요.

   A: 미용실, 편의점, 문구점   B: 농수산물 공판장, 우시장

   ① 소매상 – 생산자   ② 도매상 – 생산자
   ③ 소비자 – 생산자   ④ 소매상 – 도매상

3. 물건의 유통에 대해 다음 빈칸을 채워 넣으세요.

   　　　은 생산자와 소비자를 만나게 해줍니다. 생산지에서 난 물건을 　　　이 많이 사들여서 소매상에게 판매합니다. 　　　은 소비자 근처에서 쉽게 물건을 살 수 있게 해 줍니다. 　　　는 도매상과 소매상의 역할을 함께 맡아 소비자에게 판매합니다. 　　　은 소비자가 인터넷으로 직접 도매상과 거래하게 해 줍니다.

✎ **한 줄 글쓰기!**

평소 자주 사는 물건은 무엇인가요? 어디에서 그 물건을 사는지 소개해 주세요.

배경지식을 쌓는 사회 이야기
마케팅과 광고로 더 많은 물건을 사게 돼요

물건을 파는 사람이나 회사가 이익을 많이 내기 위해서는 어떻게 해야 할까요? 소비자에게 많은 물건을 팔아야 합니다. 물건을 많이 팔려면 소비자로 하여금 그 물건을 사고 싶게 만들어야 하겠지요. 그런데 소비자는 물건을 살 때 다양하고도 수많은 물건들을 보고 구매할 물건을 고릅니다. 물건을 파는 회사나 상인들은 수많은 물건들 속에서 자신이 파는 물건을 고르도록 소비자의 마음을 사로잡아야 해요. 그러기 위해 광고와 마케팅을 합니다.

광고는 소비자에게 판매할 상품 혹은 서비스의 정보를 널리 알리는 활동을 말합니다. 이 상품이 얼마나 좋은지, 어떤 기능이 있는지를 소비자에게 홍보하는 것입니다. 우리는 생활 속에서 다양한 광고를 보고 있습니다. TV를 틀면 영상 광고인 CF가 나옵니다. 스마트폰을 보다 보면 배너 광고나 팝업 광고가 떠서 '닫기'를 누른 적도 많을 거예요. 또한 길거리에서 나누어 주는 상점의 할인 전단지도 광고입니다.

이 광고에 나오는 상품을 보면서 우리는 물건을 사고 싶은 마음이 생겨 물건을 사기도 합니다. 그런데 때로는 실제 상품보다 장점을 더 부풀려서 만든 과장 광고나 거짓말로 홍보하는 허위 광고도 있습니다. 그러므로 우리는 광고에서 알려 주는 정보를 있는 그대로 받아들이기보다는 정말 그 내용이 맞는지를 비판적으로 살펴봐야 합니다.

광고가 상품의 장점을 널리 알리는 것이라면 마케팅은 상품을 효과적으로 판매하기 위한 모든 활동을 말합니다. 마케팅 활동에 광고도 들어 있는 셈이지요. 마케팅에는 광고를 만드는 일 말고도 많은 일이 있습니다. 좋은 상품을 개발하고 기획하는 일, 소비자에게 더 잘 접근하기 위해 계획하고 조사하는 일, 소비자가 더 편하게 물건을 사게끔 유통시키는 일 등 여러 활동이 있습니다.

물건을 판매하는 회사는 소비자의 마음을 사로잡기 위해 수많은 마케팅 전략들을 만들어 냅니다. 흔히 많은 사람들이 인기 있는 물건을 사는 현상을 '유행한다'고 말합니다. 그런데 이런 유행도 주로 마케팅으로 만들어 냅니다.

예를 들어, '○○연예인이 드라마에서 협찬으로 △△스포츠 브랜드 패딩을 입고 나왔다'고 해 볼까요? 그 드라마를 본 십 대들은 드라마에서 패딩을 입은 ○○연예인의 멋진 모습을 보고 자신도 그 패딩을 입고 싶다는 마음이 생길 수 있습니다. 그래서 너도나도 △△스포츠 브랜드의 패딩을 사는 현상이 나타납니다. 십 대들이 좋아하는 ○○연예인을 통해 브랜드 패딩을 사고 싶게 만드는 마케팅 전략을 펼친 거지요. 그 결과로 △△패딩이 유행하게 된 것입니다.

이와 같은 마케팅 전략은 무수하게 많이 있습니다. 때로는 소비자들이 광고나 마케팅에 휘둘려 필요하지도 않은 물건을 너무 많이 사기도 합니다. '충동구매'를 하는 것이지요. 충동구매로 자신이 가진 돈, 즉 소득에 비해 더 많은 돈을 쓰는 걸 '과소비'라고 합니다. 과소비는 미래의 경제 활동을 망치는 행동입니다. 돈을 쓰는 용도를 계획하지 않고 다 써 버려서 나중에 정작 필요한 물건을 사지 못하게 만들기 때문입니다. 우리 생활을 어렵게 만드는 행동이지요. 그러므로 물건을 살 때는 마케팅이나 광고에 휩쓸려 과소비를 하지 않도록 조심해야 합니다.

 **낱말 찾기**

두두야. 잘 봐,
이 낱말들을 알면 더 쉽게 이해돼!

★ **소비자** : 재화를 소비하는 사람.
★ **마케팅** : 생산자가 상품이나 서비스를 소비자에게 원활하게 유통하기 위해 계획하는 모든 경영 활동.
★ **기능** : 어떤 일이나 작용을 하는 것.
★ **홍보** : 개인, 단체나 기업이 자신의 계획, 성과를 널리 알리기 위해 하는 활동.
★ **개발** : 지식, 재능, 산업, 경제 따위를 발전하게 함.
★ **기획** : 어떤 일을 이루려고 힘써서 계획함.
★ **협찬** : 어떤 일에 재정적으로 도움을 줌.
★ **브랜드** : 자기 상품이 다른 경쟁업체의 것과 구별되도록 사용하는 특정한 기호나 도형, 문자 등을 이르는 말.
★ **전략** : 정치나 경제 등 사회 활동을 하는 데 필요한 유용한 방법이나 책략.
★ **비관적** : 앞으로 일어날 일이 잘 안될 것이라고 보는 것.

📋 **두두에게 이 낱말을 설명해 주세요.**

두두야, '**브랜드**'라는 말은

오, 근데 잠깐만!
인간, '브랜드'라는 말은 무슨 뜻이라고 했지?

 **진짜 읽기** 글을 잘 읽고 이해했는지 확인해 봅시다.
문제를 풀며 글을 한 번 더 찬찬히 읽어 보세요!

1. 다음 중 알맞은 쪽을 선택해 주세요.

   ① 실제 상품보다 장점을 더 부풀려 만든 광고를 (과장 광고/허위 광고)라고 한다.

   ② 우리는 광고가 알려 주는 정보를 (적극적으로/비판적으로) 봐야 한다.

   ③ 유명 연예인을 통해 만든 유행은 대표적인 (마케팅 전략/생산 전략)이다.

   ④ 자신이 가진 돈에 비해 더 많이 쓰는 걸 (충동구매/과소비)라고 한다.

2. 이 글의 내용을 잘 이해한 사람을 모두 찾아봅시다

   ① 혜지 "용돈이 부족하지만 이번 겨울에는 숏패딩이 유행이니까 꼭 사야만 해."

   ② 수인 "광고에 거짓말이 섞여 있을 수도 있으니 잘 살펴봐야 돼."

   ③ 지율 "요즘 드라마에 많이 나오는 제품이네. 협찬 광고를 받았을 수도 있어."

   ④ 여민 "광고와 마케팅은 더 좋은 물건을 사게끔 도와주는 이로운 활동이야."

3. 광고와 마케팅에 대한 설명으로 다음 빈칸을 채워 넣으세요.

   [   ]와 [   ]은 물건을 파는 측이 [   ]의 마음을 사로잡기 위한 활동을 말합니다. 소비자는 때로는 유행에 휘둘려 필요하지 않은 물건을 사는 [   ]나 가진 돈보다 더 많은 돈을 쓰는 [   ]를 하는데, 이것은 미래 경제 활동을 망치는 일이므로 조심해야 합니다.

✎ **한 줄 글쓰기!**

최근에 본 인상적인 광고가 무엇인가요? 그 이유를 함께 소개해 주세요.

배경지식을 쌓는 사회 이야기
가계, 기업, 정부, 이 셋이 경제를 움직여요

경제는 크게 세 가지 활동으로 이루어집니다. 인간 생활에 필요한 재화를 만들어 내는 생산 활동, 그로 인해 얻은 이익을 나누어 갖는 분배 활동, 그 이익으로 필요한 물건이나 서비스를 사는 소비 활동입니다. 그런데 이 활동은 누가 하는 걸까요? 경제 활동을 하는 담당자들이 합니다.

이 담당자들은 크게 셋으로 구분할 수 있습니다. 바로 개인이 속한 가정(혹은 가계), 기업, 정부입니다. 이 셋이 한 나라의 경제를 흘러가게 합니다. 그래서 이들을 '경제 주체'라고 말합니다. 주체는 어떤 행동을 하는 주인을 뜻하는 말입니다. 즉 가정, 기업, 정부가 경제를 이끄는 주인들이라는 것이지요.

일반적으로 개인은 가정에 속해 있습니다. 그래서 돈을 벌 수 있는 개인이 속한 가정을 경제를 이끄는 역할 단위로 보는 것이지요. 가정에 속한 개인은 회사에서 일해 임금을 받거나 직접 서비스를 제공해서 소득을 만듭니다. 이렇게 번 돈으로 기업이나 개인이 파는 물건과 서비스를 사는 소비 활동을 하지요. 그리고 나라 즉 정부에는 세금을 냅니다.

기업은 이익을 얻기 위해 물건이나 서비스를 만들어 파는 회사를 말합니다. 기업은 개인들을 고용해서 제품이나 서비스를 만들어 개인이나 정부에게 팔아서 이익을 냅니다. 그리고 노동력을 제공받은 대가로 직원들에게 임금을 주고, 정부에는 세금을 냅니다.

가정과 기업은 서로 이익을 주고받는 관계에 있습니다. 가정은 기업에 노동력을 제공해 기업의 생산 활동을 돕습니다. 또한 소득으로 기업의 물건이나 서비스를 소비함으로써 기업에게 이익을 얻게 해 줍니다. 기업은 가정에 속한 개인을 직원으로 고용합니다. 그럼으로써 개인에게 임금을 주어 소득을 얻게 합니다. 기업이 직원들에게 소득을 잘 분배해야 직원들도 경제 주체로서 기업의 물건이나 서비스를 소비할 수 있습니다. 그래야 기업도 이익이 날 수 있지요.

끝으로 정부는 가정과 기업이 낸 세금으로 나라를 운영해 나갑니다. 우리가 살아가는 사회에는 많은 시설과 서비스가 필요합니다. 예를 들어 우리가 수도꼭지를 틀면 깨끗한 물이 나오도록 수원을 마련하고 관리하는 일, 안전하게 다닐 수 있도록 교통을 마련하고 치안을 정비하는 일, 온 국민이 일정 수준의 교육을 받게 하는 일, 법과 규칙을 마련하는 일 등 나라는 국민과 기업을 위해 수많은 일을 해야 합니다. 이것은 개인이나 기업이 하기는 어렵습니다. 나라를 운영하는 일은 이익을 내는 활동이 아니기 때문입니다. 그래서 여기에 필요한 경비와 나라를 운영할 자금을 세금으로 마련합니다. 또 기업이 무역을 통해 잘 성장할 수 있도록 도와주는 역할도 합니다.

또한 정부는 각 경제 주체들이 올바른 수단과 방법으로 경제 활동을 하도록 감시하고 규칙을 정하는 역할도 맡습니다. 혹시라도 경제 활동을 하다가 불공정한 거래가 생긴다면 이것을 막거나 처벌하는 역할을 합니다. 이를 맡는 기관으로는 '공정거래위원회'가 있습니다. 이를 통해 서로 믿고 안전하게 경제 활동을 할 수 있는 바탕을 만듭니다.

만일 정부가 이 역할을 제대로 하지 못한다면 경제는 잘 흘러갈 수 없습니다. 경제 주체의 어느 한쪽만 이익을 취하고 한쪽은 이익을 못 얻는다면 사회 전체에 큰 문제가 생겨납니다. 가정이 어려워지거나 기업이 성장하지 못하면 정부 역시 세금을 받을 수 없어 나라 운영이 힘들어집니다. 그래서 경제를 이끄는 이 세 주체들은 올바른 방식으로 균형 있게 성장해 나가도록 힘써야 합니다.

 **낱말 찾기**

두두야. 잘 봐,
이 낱말들을 알면 더 쉽게 이해돼!

- ★ **가정** : 한 가족이 생활하는 집, 함께 생활하는 혈연 공동체.
- ★ **정부** : 입법, 사법, 행정의 국가 권력을 포함한 통치 기구를 이르는 말. 우리나라의 경우, 삼권 분립으로 행정을 맡아보는 국가 기관을 말한다.
- ★ **세금** : 국가가 나라를 운영하는 경비를 마련하고자 국민에게서 강제로 거두어들이는 금전.
- ★ **고용** : 회사가 개인에게 일한 것에 대한 값을 돈으로 주고 일을 하도록 하는 것.
- ★ **노동력** : 생산품을 만드는 데 드는 인간의 모든 능력.
- ★ **수원** : 물줄기가 나오기 시작하는 곳.
- ★ **불공정하다** : 공평하고 올바르지 않다.
- ★ **가계** : ① 소비의 주체로 '가정'을 이르는 말. ② 한 집에서 쓰는 돈과 버는 돈의 상태.

📋 **두두에게 이 낱말을 설명해 주세요.**

두두야, **'세금'**이라는 말은

> 오, 근데 잠깐만!
> 인간, '세금'이라는 말은
> 무슨 뜻이라고 했지?

 **진짜 읽기** 글을 잘 읽고 이해했는지 확인해 봅시다.
문제를 풀며 글을 한 번 더 찬찬히 읽어 보세요!

1. 다음에 해당하는 것에 대한 설명 중 알맞은 것은 무엇일까요?

   > 경제를 이끄는 세 주체 중 하나로, 두 주체로부터 세금을 걷어 나라를 운영해 나갑니다.

   ① 기업이 무역으로 잘 성장할 수 있도록 도와줍니다.
   ② 제품을 만드는 일을 한 사람들에게 알맞은 대가를 줍니다.
   ③ 기업의 생산 활동을 돕고 대가로 소득을 받습니다.
   ④ 제품이나 서비스를 팔아 이익을 냅니다.

2. 다음 중 알맞은 쪽을 선택해 주세요.

   ① 가정은 기업으로부터 (임금/노동력)을 받아 소득을 만듭니다.
   ② 기업은 개인 혹은 정부에 제품을 팔아 (이익/세금)을 만들어 냅니다.
   ③ 정부는 각 경제 주체가 (불공정한/공정한) 거래를 하도록 감시합니다.
   ④ 경제의 세 주체는 (균형 있게/한쪽만) 성장해 나가야 합니다.

3. 경제의 세 주체에 대해 다음 빈칸을 채워 넣으세요.

   _____, _____, _____ 는 경제를 이끄는 주인으로, 서로 균형 있게 성장해야 합니다. 가정과 기업은 서로 _____ 을 주고받습니다. 정부는 가정과 기업이 낸 _____ 으로 나라를 운영합니다. 경제 활동 중 불공정한 거래가 없는지 감시하는 정부 기관으로 _____ 가 있습니다.

✎ **한 줄 글쓰기!**

경제의 세 주체 중 가장 중요하다고 생각하는 역할과 그 이유를 소개해 주세요.

배경지식을 쌓는 사회 이야기
과학 기술로 네 번의 산업 혁명이 일어났습니다

18

오래전에는 사람들이 일일이 손으로 물건을 만들어 냈어요. 그래서 물건을 만드는 속도가 아주 더디었고, 매우 적은 양만 만들 수 있었지요. 그러다가 갑자기 물건을 만드는 속도도 빨라지고 많은 양을 만들 수 있게 됩니다. 과학 기술이 발전하여 물건을 생산하는 기술이 좋아졌기 때문입니다.

이렇게 과학 기술로 인해 많은 양의 물건을 생산하게 되면서 사람들의 일과 생활도 급격히 달라지고 사회도 거대한 변화를 맞았습니다. 이전과는 전혀 다른 사회가 펼쳐질 만큼 큰 변화가 찾아와서 이것을 '산업 혁명'이라고 부릅니다.

지금까지 산업 혁명은 총 네 번 일어났습니다. 이것을 각각 제1차 산업 혁명, 제2차 산업 혁명, 제3차 산업 혁명, 제4차 산업 혁명이라고 부릅니다. 각 산업 혁명마다 엄청난 기술의 발전이 있었습니다. 기술 발전으로 인해 산업에 큰 변화가 일어났으며 그 영향으로 사회도 달라졌습니다.

제1차 산업 혁명은 18세기 중엽에 일어났습니다. 제임스 와트가 '증기 기관'을 만들어 내면서 기계로 물건을 생산할 수 있게 되었습니다. 그전까지는 사람이 일일이 손으로 만들던 물건을 이제는 공장에서 기계가 만들게 된 거예요. 수공업을 하다 기계를 갖춘 제조업으로 나아가며 농업 사회에서 산업 사회로 넘어가게 되었어요.

제2차 산업 혁명은 19세기 말에 일어났습니다. 전기가 발명되어 산업에서 본격적으로 전기를 쓰기 시작하고 물질을 만들어 내는 화학 기술도 발전합니다. 전기 화학 기술이 발전하자 산업의 규모가 커집니다. 작은 물건을 만드는 경공업에서, 거대한 시설이나 자동차와 같은 큰 물건을 만드는 중화학 공업으로 성장했지요. 그에 따라 대량 생산이 시작되었습니다. 물건을 대량으로 만들 수 있게 되자 가격도 싸졌고, 사람들은 쉽게 물건을 살 수 있게 되었습니다. 또한 거대한 기업, 즉 대기업이 나타나고 거기에 고용되어 일하는 노동자들이 크게 늘어났습니다.

    제3차 산업 혁명은 20세기 중반에 일어납니다. 이른바 정보 통신의 혁명이라고도 불리지요. 컴퓨터 기술이 발전하고 인터넷이 등장합니다. 이때부터 현실 세계가 아닌 온라인 디지털 세계에서 사람들은 소통할 수 있게 됩니다. 또한 사람들은 인터넷 검색을 해서 지식과 정보를 손쉽게 얻을 수 있게 되었지요. 정보 통신 기술로 제품과 서비스를 만드는 IT 회사들이 등장하고, 통신 기술이 무척 발달하게 됩니다.

    제4차 산업 혁명은 21세기 초에 나타나 지금까지 진행되고 있습니다. 제3차 산업 혁명 때부터 사람들이 인터넷을 이용하면서 많은 데이터가 만들어집니다. 그 데이터를 바탕으로 인공지능을 개발하고, 기술과 기술을 합쳐서 더 뛰어난 기술을 만들게 되었습니다. 제4차 산업 혁명을 맞이하며 우리는 인간이 모든 일을 하지 않아도 기계가 알아서 대신 일하고, 소통하는 사회로 나아가고 있습니다.

    이렇게 산업 혁명이 일어나는 배경에는 모두 과학 기술의 뛰어난 발전이 있습니다. 증기 기관이 개발되지 않았다면 1차 산업 혁명은 없었을 거고, 전기가 없었다면 2차 산업 혁명은 일어나지 않았겠지요. 컴퓨터를 만들지 않았다면 3차, 4차 산업 혁명도 없었을 것입니다. 이처럼 과학 기술은 산업과 밀접한 관계가 있습니다. 그리고 기술의 발전 속도는 더더욱 빨라지고 있지요. 미래에는 산업에서 과학 기술의 활약이 더욱 두드러질 것입니다.

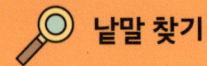 **낱말 찾기**

두두야. 잘 봐,
이 낱말들을 알면 더 쉽게 이해돼!

- ★ **대량 생산** : 기계를 이용해 동일한 상품을 아주 많은 수량으로 만들어 내는 일.
- ★ **중엽** : 어떤 시대를 처음, 가운데, 끝으로 나눌 때 가운데를 칭하는 말.
- ★ **화학** : 물질의 성분, 구조, 성질과 변화, 응용에 대해 연구하는 자연 과학.
- ★ **전기 화학** : 화학의 한 분야로 전기와 관련된 현상과 함께 생기는 화학 반응을 연구하는 학문.
- ★ **경공업** : 무게가 가벼운 물건을 만드는 공업. 섬유, 식품, 고무 같은 소비재를 만드는 산업이 많다.
- ★ **중화학 공업** : 무게가 무거운 물건을 만드는 중공업과, 화학 원리로 새로운 물질을 만들어 내는 화학 공업을 함께 아우르는 말.
- ★ **정보 통신** : 전기 통신 장치에 접속해서 정보를 주고받고 처리하는 통신을 말한다.
- ★ **증기 기관** : 물을 끓여 고온 고압의 증기를 이용해 피스톨의 왕복 운동으로 동력을 얻는 기관.

📋 **두두에게 이 낱말을 설명해 주세요.**

두두야, **'대량 생산'**이라는 말은

오, 근데 잠깐만!
인간, '대량 생산'이라는 말은 무슨 뜻이라고 했지?

 **진짜 읽기** 글을 잘 읽고 이해했는지 확인해 봅시다.
문제를 풀며 글을 한 번 더 찬찬히 읽어 보세요!

1. 각 산업 혁명과 핵심 기술을 잘 연결한 것은 무엇일까요?

   ① 1차 산업 혁명 – 전기 화학 기술   ② 3차 산업 혁명 – 컴퓨터 통신 기술

   ③ 2차 산업 혁명 – 증기 기관   ④ 4차 산업 혁명 – 인터넷 검색 기술

2. 다음 A와 B의 대화를 볼 때 어느 산업 혁명 시기일까요?

   > A : 이제 섬유 같은 작고 가벼운 물건보다는 자동차 같은 큰 물건을 만드는 일을 해야 돼.
   > B : 그러게. 배나 철강, 자동차를 만드는 회사에 사람들이 많이 취직하더군.
   > A : 전기 시설이 훨씬 좋아졌으니 커다란 공장도 지을 수 있거든.
   > B : 게다가 물건도 엄청나게 많이 만들지 않나? 이제 시대가 바뀌었어.

   ① 1차 산업 혁명 시기   ② 2차 산업 혁명 시기

   ③ 3차 산업 혁명 시기   ④ 4차 산업 혁명 시기

3. 산업 혁명에 대해 다음 빈칸을 채워 넣으세요.

   산업 혁명은 _____ 로 인해 이전과 다른 사회가 펼쳐질 만큼 큰 변화를 맞는 것을 말합니다. 1차 산업 혁명은 _____ 을 만들면서 기계로 물건을 만들게 되었고, 2차 산업 혁명은 산업에 전기가 사용되며 _____ 이 시작됩니다. 3차 산업 혁명은 _____ 의 혁명으로 불리며 4차 산업 혁명은 _____ 를 바탕으로 _____ 을 개발해 현재도 진행 중입니다.

✎ **한 줄 글쓰기!**

4차 산업 혁명에 대해 간략하게 소개해 주세요.

_____

더 깊은 배경지식을 위해 알아야 하는 자본주의와 공산주의

국제, 시사와 같은 폭넓은 뉴스나 지식을 접할 때 빠지지 않고 등장하는 말이 있습니다. 바로 '자본주의'와 '공산주의'예요. 역사와 사회에 대한 깊은 지식이 있어야 이해할 수 있는 말이라서 어렵게 느껴지기 쉽고, 어떤 의미인지 어렴풋이 알고 정확하게는 모르는 사람들이 아주 많답니다. 게다가 중국, 베트남 같은 나라에서 정당으로 활동하는 공산당이라는 말도 뉴스에 자주 등장하기 때문에 자칫 자본주의와 공산주의를 정치나 이념과 관련된 말이라고 생각하기 쉬워요.

하지만 자본주의와 공산주의는 경제 체제와 관련된 말이랍니다. 경제 체제는 그 사회의 경제 활동을 하는 방식과 제도를 말해요. 다시 말해 한 나라가 자본주의 경제 체제를 택하느냐, 공산주의 경제 체제를 택하느냐에 따라 돈을 벌고 쓰며 살아가는 모습이 아주 많이 달라집니다.

자본주의에서 자본은 쉽게 말하면 '돈'입니다. 즉 자본주의는 경제 활동을 해서 돈을 버는 것을 목적으로 하는 경제 체제예요. 이렇게 해서 번 돈은 개인이 자기 몫으로 가지지요. 이것을 '사유 재산'이라고 합니다. 이 사유 재산이라는 개념이 매우 중요한데요, 자본주의는 개인이 자유롭게 이익을 내고 재산을 늘려 나갈 수 있는 사유 재산을 인정하지만, 공산주의는 그런 사유 재산을 인정하지 않기 때문이에요.

자본주의 경제에서 개인은 더 큰 이익을 내어 자신의 재산을 늘리기 위해 많은 노력을 기울입니다. 돈을 벌고 싶은 만큼 더 일을 하는 거지요. 사람들의 노동력, 재화에 가격이 매겨지고 이것을 자유롭게 시장에서 사고팔 수 있어요. 앞서 살펴본 수요와 공급에 따라 가격이 정해지는 거지요. 그리고 거래를 하는 시장에서 누구나 자유롭게 경쟁

할 수 있습니다. 그래서 자본주의를 다른 말로는 시장 경제 체제라고도 말해요.

현재 전 세계 대부분의 나라들이 자본주의 경제 체제를 택하고 있어요. 하지만 시장에서 자유롭게 경쟁하고 개인이 재산을 늘릴 수 있는 자본주의가 마냥 좋은 점만 있는 것은 아니에요. 소득이 불공평하게 나뉠 수 있어 빈부 격차가 심해지고, 한 기업이 시장 대부분을 지배해 버리는 '독과점'이 나타나기도 하거든요. 이런 자본주의의 문제점을 해결해 나가기 위한 방안이 필요하지요.

공산주의는 이런 자본주의의 문제점을 지적하며 사유 재산을 인정하지 않고 말 그대로 생산된 재화를 공유하는 경제 체제예요. 생산된 재산을 모두가 공평하게 나누어 갖는 것을 추구하지요. 공산주의보다 더 폭넓은 개념으로는 '사회주의'라는 말이 있어요. 언뜻 보면 모두 똑같은 재산을 갖기 때문에 갈등이 적고 빈부 격차가 없어 좋을 것 같다고 여길 수 있어요. 하지만 사람들은 자기 재산을 늘릴 목적이 없으니 시장에서 적극적으로 일하고 노력할 이유도 없어요. 그렇다 보니 경제 활동에서 생산성이 떨어진다는 치명적인 단점이 있어요. 또한 재화를 공평하게 나누는 집권 세력, 혹은 정부의 힘이 지나치게 강해 개인의 자유를 억압하거나 독재자가 나타나기 쉽다는 문제점이 있어요. 그래서 민주주의의 반대를 공산주의라고 여기기도 쉬운 거죠.

이처럼 자본주의 국가들과 공산주의 국가들은 정반대되는 경제 목표를 추구하기 때문에 서로를 견제했습니다. 그 대표적인 사례가 제2차 세계 대전이 끝난 후 자본주의 강대국인 미국과 공산주의 강대국인 소련이 벌인 '냉전'입니다. 냉전 시대에 미국과 소련은 서로를 견제하며 각각 자본주의와 공산주의를 전파하고자 치열한 권력 전쟁을 벌였답니다. 이처럼 경제와 정치는 서로 떼려야 뗄 수 없는 관계라는 것을 알 수 있어요.

정치는 나라를 잘 다스리고 사회를 잘 유지하기 위해 하는 인간의 활동입니다. 인간의 역사에 따라 정치의 모습도 많이 달라졌습니다. 오늘날의 정치는 그동안 수많은 논쟁과 투쟁을 거치고 이루어 낸 성과랍니다. 자, 정치에 대해 하나씩 살펴보아요.

4장

우리나라의 정치에 대해 살펴보아요

배경지식을 쌓는 사회 이야기
우리나라의 행정 구역을 알아보아요

19

정치는 무엇일까요? 바로 나라를 다스리는 일을 말합니다. 또한 정치는 국민들이 인간답게 생활할 수 있도록 힘쓰는 일입니다. 우리나라는 한반도에 무려 5천만 명이 넘는 사람들이 모여 살고 있습니다. 이 많은 사람들이 함께 살아가기 위해서는 여러 규칙과 시설들이 필요합니다. 또 사람들이 자신의 생각과 의견을 말하고 법과 규칙을 정할 수 있는 제도들도 마련해야 합니다. 사람들이 먹고살 일자리와 산업도 계획하고 발전시켜야 하지요. 이런 일을 하는 것이 바로 정부입니다. 정부는 나라를 통치하는 기관을 말합니다.

그런데 정부가 온 나라를 한꺼번에 다스리기에는 국민들도 많고, 살펴볼 영역도 너무 많습니다. 그래서 효과적으로 나라를 운영할 수 있도록 나라의 구역을 나누어서 다스립니다. 주로 큰 강이나 산을 경계로 나누었는데, 이렇게 나눈 구역을 행정 구역이라고 합니다.

우리나라의 행정 구역은 북한 지역을 빼고 총 17개입니다. 특별시 1개, 광역시 6개, 도 6개, 특별자치도 3개, 특별자치시 1개입니다. 이렇게 여러 행정 구역으로 나누어 각 구역의 살림살이를 스스로 운영해 나갑니다.

행정 구역 중 가장 큰 특별시부터 살펴볼까요? 특별시로는 서울이 있습니다. 서울은 우리나라의 수도이고, 중요한 정부 부처가 있어 특별한 행정 구역이라는 의미로 서울특별시로 지정되었습니다. 서울 이외의 도시는 지방이라고 부르기도 합니다.

다음으로 총 여섯 개의 광역시로 부산, 인천, 대구, 광주, 대전, 울산이 있습니다. 광역시(廣域市 넓을 광, 지경 역, 도시 시)는 말 그대로 넓은 행정 구역을 가진 도시를 말합니다. 인구가 많고 서울특별시와 버금가게 지역 경제가 활발하고, 문화와 교통이 잘 발달된 도시입니다.

그다음으로 여섯 개의 도는 경기도, 경상남도, 경상북도, 충청남도, 충청북도, 전라남도가 있습니다. 경기도는 서울을 둘러싼 지역으로 흔히 수도권이라고 부릅니다. 강원도는 우리나라 동쪽 지역으로 동해와 태백산맥의 산지 지역입니다. 원래 도에 속했던 강원도는 2023년에 강원특별자치도가 되었습니다. 경상북도는 강원도 아래에 위치해 있고, 경상남도는 중화학 공업이 발달했습니다. 충청북도는 우리나라에서 유일하게 바다와 만나지 않는 지역입니다. 충청남도는 서해안의 갯벌이 넓게 펼쳐져 있습니다. 전라북도는 넓은 평야 지대로 벼농사가 잘되는 지역으로 2024년에 전북특별자치도가 되었습니다. 전라남도는 가장 많은 섬을 가진 지역입니다.

흔히 '팔도'라고 일컫는 구역이 이 8개의 도를 말하는 걸까요? 아닙니다. 팔도는 조선시대 때 사용하던 행정 구역입니다. 지금은 북한 땅인 함경도, 평안도, 황해도와 경기도, 강원도, 충청도, 전라도, 경상도까지를 팔도라고 불렀습니다.

우리나라에서 가장 큰 섬 제주도는 특별자치도입니다. 2006년 제주특별자치도가 되어 국제적인 도시로 성장하고 있습니다. 끝으로 세종특별자치시는 우리나라 첫 특별자치시입니다. 특별자치시는 관련 특별법에 근거해 높은 자치권을 보장받습니다. 세종특별자치시는 행정복합도시법에 따라 정부의 행정 기관이 이전하면서 생겨났으며, 중앙 정부의 행정 권한과 기능을 수행하는 행정 구역입니다.

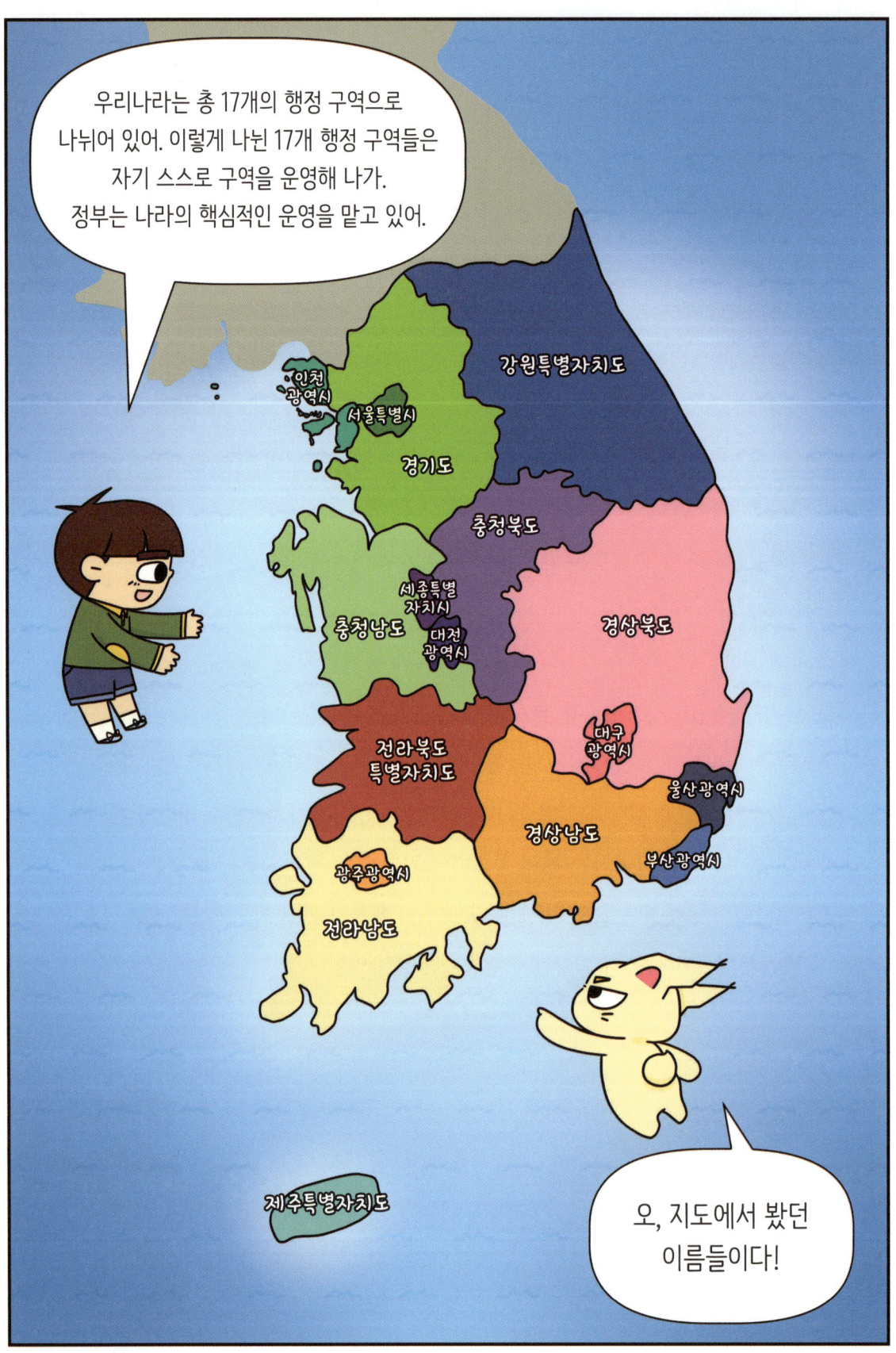

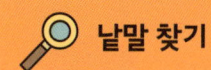 **낱말 찾기**

두두야. 잘 봐,
이 낱말들을 알면 더 쉽게 이해돼!

- ★ **일자리** : 생계를 꾸려 나가기 위한 직업.
- ★ **통치** : 나라나 지역을 도맡아 다스림.
- ★ **경계** : 지역이 구분되는 범위의 선.
- ★ **행정** : 정치나 사무를 행함.
- ★ **살림살이** : 살림을 차려서 사는 일.
- ★ **부처** : 정부 조직의 부와 처를 아울러 말하는 말.
- ★ **버금가다** : 으뜸 바로 아래가 되다.
- ★ **자치** : 자기 일을 스스로 다스림.

📋 **두두에게 이 낱말을 설명해 주세요.**

두두야, '**행정**'이라는 말은

 **진짜 읽기**   글을 잘 읽고 이해했는지 확인해 봅시다.
문제를 풀며 글을 한 번 더 찬찬히 읽어 보세요!

1. 다음에 들어갈 A-B-C의 조합으로 알맞은 것은 무엇일까요?

   나라를 다스리는 일을 (A)(이)라고 하며, 이러한 일을 맡은 기관을 (B)(이)라고 합니다. 효과적으로 나라를 운영하도록 나라의 구역을 나누었는데 이를 (C)(이)라고 합니다.

   ① 정부 – 부처 – 행정 구역   ② 정치 – 행정 – 행정 구역
   ③ 정치 – 정부 – 행정 구역   ④ 지방 – 지방자치 – 팔도

2. 각 도시와 행정 구역을 잘못 연결한 것은 무엇일까요?

   ① 부산 – 광역시   ② 강원 – 특별자치시
   ③ 서울 – 특별시   ④ 제주 – 특별자치도

3. 우리나라의 행정 구역에 대해 다음 빈칸을 채워 넣으세요.

   우리나라의 행정 구역은 총 ☐ 개입니다. 우리나라 수도인 ☐ 은 중요 정부 부처가 있어 ☐ 로 지정되었습니다. 다음으로 총 여섯 개의 ☐ 와 여섯 개의 ☐ 가 있습니다. 특별자치도는 ☐ 개이고, 특별자치시는 ☐ 개입니다. 이중 세종특별자치시는 정부의 ☐ 이 이전하여 생겨났습니다.

✦ **한 줄 글쓰기!**
   우리나라 행정 구역 중 가 본 곳이 있다면 어느 곳인지 소개해 주세요.

배경지식을 쌓는 사회 이야기
인권에 대해 알아보아요

20

인간은 누구나 이 세상에 태어난 순간부터 인간답게 살아갈 권리가 있습니다. '인간답다'는 것은 어떤 뜻을 지닐까요? '인간답다'는 건 인간이면 누구나 존중을 받고 차별을 받지 않으며 자유롭게 자기 의지대로 살 수 있다는 뜻입니다. 어떤 민족이건, 어떤 인종이건 아무 상관없이 인간이면 누구나 존중받아야 합니다. 그리고 인간이면 누구나 누려야 할 기본적인 권리가 있습니다. 이것을 바로 '인권'이라고 합니다. 그 어떤 조건도 없이 태어나면서부터 모두 이 권리를 가지고 있기 때문에 이것을 '하늘이 준 자연의 권리'라고 해서 '천부 인권(天賦人權)'이라고도 부릅니다.

그런데 이건 너무 당연한 이야기 아니냐고요? 지금은 너무도 당연한 이 권리가 예전에는 당연하지 않았습니다. 예전에 왕이 다스리던 시대에는 신분제가 매우 엄격했습니다. 당시 사회는 신분제로 계층이 나뉘어 있었습니다. 왕과 귀족들은 맨 위에서 특권을 누리는 계층이었습니다. 이들은 아주 적은 수였지만 이들만이 많은 권리와 부를 누렸습니다.

일반 사람들 즉 백성들은 특권 계층에게 곡식과 돈을 세금으로 냈습니다. 이들은 아무리 똑똑하고 뛰어난 재능이 있어도 좋은 신분을 가질 수 없었습니다. 또한 아주 적은 자유만 누릴 수 있었습니다. 백성들 중에는 종이나 노예 같이 신분이 제일 낮아 천대를 받는 사람들도 있었습니다. 이들은 천민이라 불렸고, 사람이 아니라 재산 취급을 받으며 아무 자유 없이 자신의 주인에게 무조건 복종하며 살아야 했습니다. 이런 불평등한 사회에서 인권은 왕과 귀족만 누리는 특별한 권리였습니다.

왕과 귀족들을 위해서만 살아야 하는 백성들의 삶은 점점 힘들어졌습니다. 상업이 발전하면서 백성들이 많은 돈을 벌게 되었어도 정해진 신분에 따라 차별받으며 살아야 했습니다. 점점 견딜 수 없어진 백성들은 왕과 귀족만이 부유한 삶을 살고 권리를 누리는 것에 대해 저항했습니다. 이러한 저항으로 유럽에서 '시민 혁명'이 일어났습니다. 사람들은 무수한 투쟁과 힘겨운 저항을 하며 신분제를 무너뜨렸습니다. 그리고 누구나 인간답게 살 권리를 가져야 한다고 외쳤습니다.

이렇게 누구나 인권을 가지기까지는 매우 힘겨운 과정이 있었습니다. 인권에는 구체적으로 어떤 권리들이 있을까요? 가장 먼저 개인의 자유와 권리를 보장받을 권리가 있습니다. 인간이면 누구나 자유 의지대로 자기 생각을 말하고 표현할 수 있고, 사생활을 간섭받지 않을 권리가 있습니다. 인권에 대한 인식이 없던 시절에는 자유롭게 이동하고 자신의 의견을 말하는 것도 할 수 없었습니다. 하지만 인권을 보장하면서 인간이면 누구나 자유를 누릴 수 있게 되었지요. 다만 자유를 누리려고 다른 사람의 자유를 침해하지 않아야 합니다. 또한 다른 사람을 차별하지 않고 존중해야 합니다.

다음으로는 국민들의 인간다운 삶을 보장해 주도록 국가에 요청할 권리가 있습니다. 이를테면 최소한의 인간적인 생활을 보장받을 권리, 교육을 받을 권리, 일할 수 있을 권리 등이 있습니다.

그러나 20세기가 되자 인간 사회는 '세계 대전'이라는 커다란 전쟁을 두 번이나 겪게 되었고 세상은 인류애를 잃어버린 땅이 되었습니다. 국제 사회는 전쟁으로 인한 인권 침해를 반성하고 기본적인 인권을 보장하기 위해 '세계 인권 선언'을 선포했습니다. 세계 인권 선언이란 1948년에 국제연합 즉 유엔(UN)에서 인권에 대한 기준을 마련하기 위한 선언입니다. 이 선언은 모든 나라들과 사람들이 지켜야 할 인권의 기준을 알려 줍니다. 전 세계 국가들이 적어도 이 정도의 인권은 보장하도록 노력해야 한다는 것이지요.

 **낱말 찾기**

두두야. 잘 봐,
이 낱말들을 알면 더 쉽게 이해돼!

- ★ **의지** : 어떤 일을 하고자 하는 마음.
- ★ **존중** : 귀중하게 대함.
- ★ **권리** : 어떤 일을 하거나 다른 사람에게 당연히 요구할 수 있는 힘이나 자격.
- ★ **신분제** : 어떤 사회에서 태어날 때의 출신에 따라 특정한 대우나 평가를 받게끔 계층을 정해 둔 일.
- ★ **특권** : 특별한 권리.
- ★ **취급** : 사람이나 사건을 어떤 태도로 대하거나 처리함.
- ★ **저항** : 어떤 힘에 굽히지 않고 거스르거나 버팀.
- ★ **사생활** : 개인의 사사로운 일상생활.
- ★ **침해** : 침범해서 해를 끼침.
- ★ **차별** : 둘 이상의 대상에 차이를 두어 구별함.
- ★ **보장** : 어떤 일이 이루어지도록 조건을 마련해 보호함.
- ★ **인류애** : 인류 전체에 대한 사랑.

두두에게 이 낱말을 설명해 주세요.

두두야, '**신분제**'라는 말은

오, 근데 잠깐만!
인간, '신분제'라는 말은 무슨 뜻이라고 했지?

 **진짜 읽기** 글을 잘 읽고 이해했는지 확인해 봅시다.
문제를 풀며 글을 한 번 더 찬찬히 읽어 보세요!

1. 다음 중 신분제가 있었던 시기에 일어난 일로 알맞지 않은 것은 무엇일까요?

   ① 왕과 귀족이 특권을 누리며 신분제 계층 맨 위에 있었다.

   ② 인간은 태어나면서부터 천부 인권을 당연히 인정받았다.

   ③ 일반 백성은 아무리 재능이 있어도 높은 신분이 될 수 없었다.

   ④ 신분 맨 아래 계층은 천민으로 불렸다.

2. 다음 중 인권에 해당하는 것으로 묶인 조합을 고르세요.

   ① 교육받을 권리-다른 사람의 자유를 침해할 권리

   ② 신분제를 유지할 권리-투표할 권리

   ③ 자기 생각을 말할 권리- 일할 수 있을 권리

   ④ 사생활을 간섭할 권리-자유롭게 이동할 권리

3. 인권에 대해 다음 빈칸을 채워 넣으세요.

   과거에는 _____로 인해 왕과 귀족만 특권을 누렸습니다. 불평등한 사회에서 힘겹게 살던 백성들은 이에 저항해 유럽에서 _____이 일어났습니다. 이후 누구나 _____ 살 권리가 있다는 인식을 가지게 되었고, 두 차례의 _____를 치르고 _____을 선포했습니다.

✒ **한 줄 글쓰기!**

인권을 보장하기 위해 우리는 어떤 활동을 해야 할까요?

배경지식을 쌓는 사회 이야기
민주주의는 무엇일까요?

아주 오래전에는 왕이 권력을 가지고 나라를 다스렸습니다. 이렇게 왕이 다스리는 정치를 '군주제'라고 합니다. 왕의 힘이 아주 막강하여 누구도 왕의 명을 거스를 수 없는 정치를 '절대 군주제'라고 합니다. 왕의 신하이자 사회적으로 특별하게 대접을 받는 귀족들은 각 지방들을 다스렸습니다. 일반 백성들은 왕과 귀족의 다스림을 받으며 살았습니다.

그렇게 왕과 귀족은 지배하는 층이었고, 백성들은 지배를 받는 층, 즉 피지배층으로 살아갔습니다. 백성들은 귀족과 왕을 위해 열심히 일해서 만든 곡식과 재산을 바쳐야 했습니다. 열심히 일하고도 많은 것을 지배 계급에게 빼앗겨야 했지요. 더 이상 불공정함을 참지 못한 백성들이 혁명을 일으켰습니다. 왕을 내쫓고 신분제를 없앴습니다. 그리고 백성 하나하나가 자유 의지를 가지고, 자신의 의견을 말하며 사는 '시민'이 되었습니다.

예전에는 왕이 다스리는 나라였다면, 이제는 시민이 함께 의견을 모아 나라를 다스리는 시대가 되었습니다. 이렇게 국가의 주권 즉 국가를 다스리는 권력이 국민에게 있고, 국민을 위한 정치를 하는 것을 '민주주의(民主主義)'라고 합니다.

민주주의는 국민 모두가 국가의 주인이라는 뜻입니다. 국민 모두가 국가의 주인이긴 하지만 이 수많은 국민들이 모두 모여 나라 운영에 관한 여러 가지 일을 결정하기는 어렵습니다. 그래서 시민들은 자신의 의견을 대신 전달해 줄 대표를 뽑았습니다. 이렇게 국민의 대표를 뽑아 나라를 운영하는 국가 형태를 '공화국'이라고 합니다. 우리나라는 국민 모두가 국가의 주인이며 대표를 뽑아 나라를 운영하기 때문에 '민주 공화국'입니다.

　민주주의 국가에서는 국민을 존중하고 모든 국민에게 똑같은 권리를 보장해 줍니다. 예전에 신분제로 차별받았던 것들이 사라지고, 모든 국민이 차별을 받지 않고 평등하게 살 수 있게 된 것입니다.

　또한 국민들은 개개인이 자유 의지를 가지고 살아갈 수 있습니다. 어디를 가든, 어떤 직업을 가지든 어떤 삶을 살든 개인이 자유롭게 선택하며 살아갈 수 있습니다. 반대로 다른 사람의 자유 역시 존중해야 합니다. 다른 사람의 자유를 빼앗거나 침해하는 행동을 해서는 안 됩니다.

　우리나라는 민주주의 공화국입니다. 우리나라 헌법 제1조에는 "대한민국은 민주 공화국이다"라고 되어 있지요. 그리고 "대한민국의 주권은 국민에게 있고, 모든 권력은 국민에게서 나온다"고 나와 있습니다. 그렇다면 우리는 어떻게 민주주의 국민으로서 주권을 행사할까요?

　주권을 행사하는 대표적인 활동으로 나라의 대표자를 뽑는 '선거'가 있습니다. 우리는 만 18세가 되면 선거를 할 수 있는 자격이 생깁니다. 우리는 5년마다 투표를 해서 우리나라 행정의 우두머리이자 나라를 대표하는 '대통령'을 뽑습니다. 또 4년마다 법을 제안하고 만드는 '국회 의원'과 각 지방의 행정을 도맡는 '지방 자치 단체장'을 뽑습니다. 우리가 뽑은 대표자들은 나라와 국민, 각 지역을 위해 열심히 일해야 합니다. 즉 민주주의에 따라 국민들은 자신의 의지대로 투표를 합니다. 또 투표로 뽑힌 대표자들은 국민의 의견에 귀를 기울이며 정부와 국회에서 자신의 임무를 열심히 수행해야 합니다.

 **낱말 찾기**

두두야. 잘 봐,
이 낱말들을 알면 더 쉽게 이해돼!

- ★ **대접** : 마땅한 예로써 대함.
- ★ **귀족** : 가문이나 신분이 좋아서 정치, 사회적인 특권을 받는 계층에 속한 사람.
- ★ **자유 의지** : 선악에 대해 자기 스스로 판단할 수 있는 자유로운 정신 상태.
- ★ **시민** : 국가의 일원으로 그 나라의 헌법에서 정한 권리와 의무를 모두 가지는 자유민.
- ★ **평등** : 권리, 의무, 자격이 차별 없이 고름.
- ★ **헌법** : 모든 국가의 법에 대한 체계적인 기초이며 국가의 최고 법규.
- ★ **선거** : 조직이나 집단이 대표자나 임원을 뽑는 일.
- ★ **임무** : 맡은 일.

📋 **두두에게 이 낱말을 설명해 주세요.**

두두야, **'시민'**이라는 말은

오, 근데 잠깐만!
인간, '시민'이라는 말은
무슨 뜻이라고 했지?

 **진짜 읽기** 글을 잘 읽고 이해했는지 확인해 봅시다.
문제를 풀며 글을 한 번 더 찬찬히 읽어 보세요!

1. 다음 글에서 (ㄱ)과 (ㄴ)에 들어갈 말로 알맞은 것은 무엇일까요?

> 우리나라는 국가의 주권이 국민에게 있으며 국민을 위한 정치를 하는 (ㄱ)에 따르며 시민의 대표를 뽑아 나라를 운영하므로 (ㄴ)입니다.

① (ㄱ) 군주제 – (ㄴ) 왕정 국가　　② (ㄱ) 민주주의 – (ㄴ) 민주 공화국
③ (ㄱ) 절대 군주제 – (ㄴ) 단일 국가　　④ (ㄱ) 민주주의 – (ㄴ) 연방 공화국

2. 다음 중 우리나라의 선거에 대한 설명으로 알맞지 않은 것을 고르세요.

① 우리나라는 만 18세가 되면 선거를 할 권리가 생긴다.
② 국민은 선거를 해서 대통령과 국회의원만 뽑는다.
③ 나라 행정의 우두머리를 뽑는 선거는 대통령 선거이다.
④ 각 지방의 행정 수장을 국민이 직접 뽑는다.

3. 민주주의에 대해 다음 빈칸을 채워 넣으세요.

민주주의 국가에서는 　　　 을 존중하고 똑같은 권리를 보장합니다. 우리나라 　　　 제1조에 "대한민국은 　　　　　 이다"라고 나와 있으며, 우리는 민주주의 국민으로 　　　 를 치러서 대표자를 뽑으며 　　　 을 행사합니다.

✏️ **한 줄 글쓰기!**
민주주의 국가의 국민으로서 선거를 꼭 해야 할까요? 의견과 이유를 함께 적어 보세요.

배경지식을 쌓는 사회 이야기

법과 법치주의에 대해 알아보아요

22

우리가 살아가는 사회에는 각양각색의 사람들이 살아갑니다. 나이가 많은 사람, 어린 사람도 있고, 돈이 많은 사람, 적은 사람도 있습니다. 다양한 직업을 가지고, 여러 지역에서 살아갑니다. 이렇게 수많은 사람들이 함께 어우러져서 살다 보니 서로 다툼도 많고, 충돌도 많이 있습니다. 이런 충돌과 다툼이 일어나지 않게 하고, 갈등을 잘 해결하기 위해서는 규범과 질서가 필요합니다.

나라는 국민들이 사회에서 잘 살아가기 위해 지켜야 할 규칙을 만들었습니다. 이것을 '법'이라고 합니다. 법은 국가가 만든 사회 규범이기 때문에 반드시 지켜야 합니다. 만일 법을 어긴다면 이에 대한 처벌을 받게 됩니다. 즉 법은 국민들이 강제적으로 지켜야 할 규범입니다.

법을 왜 강제로 지키게 하는 걸까요? 그것은 법이 국민들이 안전하게 살아갈 수 있는 사회를 만들어 주기 때문입니다. 예를 들어, 도로에서 술을 마시고 운전을 하면 안 되는 법이 있습니다. 만일 이 법을 어겨도 아무 처벌이 없다면 사람들은 술을 마신 다음에도 개의치 않고 음주 운전을 할 것입니다. 설령 사고를 내더라도 별다른 처벌이 없기 때문입니다. 그렇게 되면 우리는 안전하게 도로를 다닐 수 없겠지요. 즉 자유롭게 다닐 권리를 보장받지 못하는 것입니다.

이런 이유로 법을 강제적으로 지키게 합니다. 우리의 권리를 보장하고, 안전한 사회를 만들기 위해서 말이지요. 법으로 음주 운전을 금지하고, 법을 어기는 사람은 법대로 처벌을 해야 더 이상 음주 운전을 하지 않을 것입니다. 그럼으로써 많은 사람들이 자유롭고 안전하게 길을 다닐 수 있기 때문입니다. 다시 말해, 사회 구성원들이 법을 잘 지킬수록 안전하게 생활할 수 있는 사회가 된다고 볼 수 있습니다.

이렇게 법에 따라 나라를 다스리는 것을 '법치주의'라고 합니다. 우리나라는 법에 따라 나라를 다스리므로 '법치주의 국가'입니다. 법치주의는 민주주의 사회에서 볼 수 있는 대표적인 모습입니다. 나라의 모든 구성원들은 법에 따라야 합니다. 나라를 대표하는 대통령이나 법을 판단하는 법관도 마찬가지입니다.

법은 헌법, 법률, 명령, 조례, 규칙으로 구분할 수 있습니다. 헌법은 법을 통틀어 제일 높은 최고 법입니다. 헌법에는 사회를 유지하는 근본적인 내용이 담겨 있습니다. 모든 법들은 헌법의 내용을 어겨서는 안 됩니다. 우리나라 헌법에는 민주주의와 같은 나라를 통치하는 원리, 국민들의 기본적인 권리와 의무 등이 담겨 있습니다.

법률은 국회에서 만들어 내는 법을 말합니다. 법률에는 민법, 형법, 상법 등이 있습니다. 명령은 정부에서 필요할 때 만들어 내는 법입니다. 법률보다는 지위가 아래인 법입니다. 조례는 지방 자치에서 만드는 법으로, 지방 의회에서 만들어 냅니다. 규칙은 지방 자치 단체장이 일을 하며 만드는 법입니다. 이렇게 다양한 법률들은 사회 구성원들의 자유를 보장하며 권리를 지켜 줍니다. 그리고 시민들이 더 안전하게 살아갈 수 있도록 만들어 줍니다.

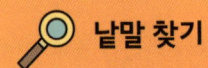 **낱말 찾기**

두두야. 잘 봐,
이 낱말들을 알면 더 쉽게 이해돼!

- ★ **각양각색** : 각기 다른 여러 모양과 색깔.
- ★ **강제** : 힘이나 권력으로 다른 사람이 원하지 않는 일을 억지로 시킴.
- ★ **법관** : 법원에 소속되어 소송을 심리하고, 법률적으로 해결하고 조정하는 권한을 가진 사람.
- ★ **원리** : 행위의 규범.
- ★ **민법** : 개인의 권리와 관련된 법규를 통틀어 일컫는 말.
- ★ **형법** : 범죄와 형벌에 대한 법률 체계.
- ★ **상법** : 기업에 관한 사항을 규정하는 특별 사법.
- ★ **지위** : 어떤 것이 차지하는 자리나 위치.
- ★ **지방 자치** : 지방의 행정을 지방 주민이 뽑은 기관을 통해서 처리하는 제도.

📋 **두두에게 이 낱말을 설명해 주세요.**

두두야, **'지방 자치'** 이라는 말은

> 오, 근데 잠깐만!
> 인간, '지방 자치'라는 말은 무슨 뜻이라고 했지?

 **진짜 읽기** 글을 잘 읽고 이해했는지 확인해 봅시다.
문제를 풀며 글을 한 번 더 찬찬히 읽어 보세요!

1. 이 글의 내용을 잘 이해한 사람을 모두 찾아봅시다
    ① 나연 "많은 사람들이 함께 살고 갈등을 해결하려면 법과 질서가 필요해."
    ② 장우 "법은 강제성은 있지만 어긴다고 처벌까지 받지는 않아."
    ③ 우현 "헌법은 나라를 통치하는 원리가 담긴 법이야."
    ④ 현주 "법률은 국회에서 만들고 명령은 지방의회에서 만들어."

2. 다음 중 법의 지위가 높은 순으로 알맞은 것은 무엇일까요?
    ① 헌법 – 조례 – 명령 – 규칙
    ② 명령 – 법률 – 조례 – 헌법
    ③ 헌법 – 명령 – 규칙 – 조례
    ④ 헌법 – 법률 – 명령 – 조례

3. 법에 대한 설명으로, 다음 빈칸을 채워 넣으세요.

    법에 따라 나라를 다스리는 것을 _____ 라고 합니다. 최고 법인 헌법을 바탕으로 국회에서 법률을 만드는데, 법률에는 _____ , _____ , _____ 등이 있습니다. 정부에서 만드는 법으로 _____ 이 있으며, 지방 자치에서는 _____ 를 만들고, _____ 은 지방 자치 단체장이 만드는 법입니다.

◆ 한 줄 글쓰기!
    만일 법을 만든다면 어떤 법을 만들고 싶은가요? 그 이유도 함께 소개해 주세요.

배경지식을 쌓는 사회 이야기
삼권분립에 대해 알아보아요

우리나라는 민주주의 국가이면서 법치주의 국가입니다. 국민의 의견을 듣고 국민을 위해 법을 만들고 법에 따라 나라를 다스리고 운영해 나갑니다.

그렇다면 법은 어떻게 만들어지는 걸까요? 바로 국민의 대표 기관인 국회에서 법을 만듭니다. 국회는 국민이 직접 투표로 뽑은 국회 위원들이 모인 회의입니다. 국회 의원들은 국회 의사당에 모여서 나라에 필요한 법을 만들거나, 필요 없는 법을 없앱니다. 이렇게 법을 만드는 것을 '입법(立法)'이라고 하며, 국회를 '입법부'라고 합니다.

국회는 법만 만드는 걸까요? 국회에서는 정부가 세금으로 걷은 돈을 써서 나라를 잘 운영하고 있는지를 감시합니다. 또한 법원이 법을 바르게 판단하는지를 감시합니다. 국가의 중요한 일에 대해서도 어떻게 해야 할지 의사를 표현하고 방안을 결정합니다.

이렇게 국회에서 정한 법을 잘 지키는지를 판단하는 일은 법원이 합니다. 법을 어떻게 판단하냐고요? 바로 법원에서 재판을 해서 판단합니다. 우리나라는 한 사건에 대해 재판을 총 3번 받을 수 있는 3심 제도를 운영합니다. 행여나 잘못된 판단을 해서 억울한 사람이 나오지 않도록 같은 사건으로 세 번 재판을 받을 수 있게 합니다. 이렇게 법을 판단하는 법원을 '사법부'라고 합니다. 사법부를 대표하는 이는 대법원장입니다.

정부는 법에 따라 나라를 운영해 나가는 기관입니다. 정부에는 정치와 사무를 도맡는 여러 조직이 있습니다. 각 조직은 전문적인 분야로 나뉘어, 체계적으로 운영되고 있습니다. 나라 안팎의 살림을 꾸려 나가는 정부를 '행정부'라고 합니다. 행정부를 대표하는 이는 대통령입니다. 정부의 행정 조직으로는 대표적으로 세금을 거두어 나라의 살림에 쓸 돈을 관리하는 기획재정부, 학생들의 교육을 지원하는 교육부, 다른 나라와 어떻게 지낼지를 관리하는 외교부 등등이 있습니다.

이처럼 국가의 힘, 즉 권력은 입법부, 사법부, 행정부로 나뉩니다. 일부러 이렇게 세 기관을 떨어뜨려서 각자 자기 일을 하면서 동시에 서로 힘을 견제하게끔 만들었습니다. 이러한 제도를 '삼권 분립(三權分立)'이라고 말합니다. 말 그대로 '세 개의 권력이 분리되어 세워졌다'는 뜻입니다.

왜 굳이 세 기관으로 국가의 힘을 나누었을까요? 그것은 어느 한쪽으로 힘이 치우쳐지지 않게 하기 위해서입니다. 어느 한 기관의 힘이 너무 세지면 한쪽의 통치자가 나라를 독단적으로 다스리는 '독재'가 나타날 가능성이 높기 때문입니다. 독재는 민주주의를 펼치는 절차를 무시하고, 통치자가 자기 마음대로 나라를 다스리는 것을 말합니다. 대표적인 독재자로는 악명 높은 독일의 히틀러가 있습니다. 이처럼 독재를 막고 민주주의를 지키기 위해 국가의 권력을 세 군데로 나누어 균형 있게 정치를 하는 것입니다.

우리나라는 법에 따라 나라를 운영하는 법치주의 국가야.
법을 만드는 기관을 '입법부'라고 하는데, 바로 국회를 말한단다.
국회 의원들이 국회 의사당에서 법을 만들지.

국회에서 정한 법에 따라 판단하고 적용하는 기관을 사법부라고 하는데,
바로 법원을 말해. 법원은 한 사건에 대해 3번 재판을 해서 판단해.

법에 따라 나라를 운영하는 기관을 행정부라고 하는데, 바로 정부야.
국민에게 세금을 걷어서 나라 살림을 꾸려 나가.

이 세 권력 기관이 각자 자기 일을 하며 서로를 견제하는
제도를 '삼권 분립'이라고 해. 이 말은 권력을 세 개로 분리했다는 뜻이야.

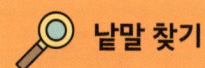 **낱말 찾기**

두두야. 잘 봐,
이 낱말들을 알면 더 쉽게 이해돼!

- ★ **국회 의원** : 입법부인 국회의 구성원으로 국민이 선거를 해서 뽑는다. 국민을 대표해 법률을 만들고 국정을 심사하고 토의한다.
- ★ **법원** : 사법권을 행사하는 국가 기관.
- ★ **방안** : 일을 해결해 나갈 방법이나 계획.
- ★ **재판** : 소송 사건을 해결하기 위해 법관이 법적인 판단을 내리는 일.
- ★ **전문적** : 어떤 분야에 대해 상당한 지식과 실력을 가지고 잘하는 것.
- ★ **체계적** : 하나하나가 짜임새 있게 조직되어 있어 통일된 전체를 이루는 것.
- ★ **견제** : 상대편이 지나치게 세력이 커지지 못하게 억누르는 것.

📋 **두두에게 이 낱말을 설명해 주세요.**

두두야, **'국회 의원'**이라는 말은

오, 근데 잠깐만!
인간, '국회 의원'이라는 말은
무슨 뜻이라고 했지?

 **진짜 읽기** 글을 잘 읽고 이해했는지 확인해 봅시다.
문제를 풀며 글을 한 번 더 찬찬히 읽어 보세요!

1. 다음 중 알맞은 쪽을 선택해 주세요.
   ① 법을 만드는 것을 (입법/사법)이라고 하며 관련 기관은 (국회/법원)이다.
   ② 우리나라는 한 사건에 대해 재판을 (4차례/3차례) 받는 제도가 있다.
   ③ 나라의 살림에 쓸 돈을 관리하는 나라 부서는 (외교부/기획재정부)이다.
   ④ 민주주의를 무시하고 통치자 마음대로 나라를 다스리는 것을 (독재/분립)(이)라고 한다.

2. 다음 중 국회가 하는 일이 아닌 것은 무엇일까요?
   ① 법을 만들고 법원이 법을 바르게 판단하는지 감시한다.
   ② 정부가 세금으로 나라 운영을 잘하는지 감시한다.
   ③ 법으로 억울한 사람이 나오지 않도록 재판을 한다.
   ④ 국가의 중요한 일에 대한 의사를 표현하고 방안을 정한다.

3. 국가의 힘을 맡은 세 기관에 대해 다음 빈칸을 채워 넣으세요.
   국회는 _____로, 법을 만드는 일을 하며, 국민을 대표해 국가의 중요한 일에 대해 의사를 표현합니다. 법원은 법을 집행하는 사법부로, _____를 운영합니다. 정부는 나라를 운영하는 _____로, 정치와 사무를 도맡습니다. 이 세 기관은 각자 분리해 서로 힘을 견제하도록 하는데 이를 _____이라고 합니다. 이것은 _____가 나타나는 것을 막고 민주주의를 지키기 위함입니다.

✦ **한 줄 글쓰기!**
삼권 분립의 의미에 대해 소개해 주세요.

배경지식을 쌓는 사회 이야기

선거에는 중요한 네 가지 원칙이 있습니다

국민이 직접 정치에 참여할 수 있는 권리는 헌법에 보장된 기본 권리입니다. 이것을 '참정권(參政權)'이라고 합니다. 국민은 다양한 방식으로 정치에 참여할 수 있습니다. 정치인으로 활동하거나 직접 공직에 뛰어들어 나라 일을 맡을 수도 있습니다. 혹은 선거를 통해 나라 일을 맡을 대표자를 뽑을 수도 있습니다.

선거는 국가 기관이나 공공 단체 일을 맡는 사람을 투표로 뽑는 것을 말합니다. 선거는 국민이 정치에 참여할 수 있는 가장 보편적이면서도 쉬운 방법입니다. 그러니 나라 일에 관심을 갖고 선거 날이 되면 반드시 투표를 해야 합니다. 이것은 민주주의를 펼치는 국민의 권리이자 의무입니다. 선거는 국민이 직접 나라 일의 대표자를 뽑는 중대한 일이니만큼 아주 공정하게 이루어져야 합니다. 이를 위해서 반드시 지켜야 할 원칙이 네 가지 있습니다. 이것을 선거의 4대 원칙이라고 합니다.

첫 번째 원칙은 바로 '보통 선거'입니다. 이것은 만 18세 이상인 국민이면 누구나 어떤 조건 없이 선거에 참여할 수 있어야 한다는 원칙입니다. 지금은 민주주의 국가라면 누구나 투표할 수 있다고 생각할 것입니다. 하지만 불과 200년 전까지만 해도 여러 나라에서 특정 인종, 신분, 나이대의 남성들만 투표할 수 있었습니다. 노동자, 흑인, 여성과 같은 사람들은 투표할 권리가 없었습니다. 그런데 정치가 발전하면서 이제 누구나 투표를 할 수 있도록 참정권을 보장한 것입니다. 우리나라는 1948년부터 여성도 투표할 수 있게 되었습니다. 2020년부터는 만 18세인 청소년들도 투표 권리를 행사할 수 있습니다.

두 번째 원칙은 '평등 선거'입니다. 이것은 투표에서 누구나 똑같이 한 표씩 뽑을 수 있고, 이 한 표는 모두 같은 가치를 지닌다는 원칙입니다. 직업이 좋든 나쁘든, 돈이 많든 적든, 나이가 많든 적든 투표에 참여하는 사람이 행사하는 표는 모두 동등한 가치를 지닙니다.

세 번째 원칙은 '직접 선거'입니다. 이것은 반드시 자기 자신이 선거에 참여해 투표해야 한다는 원칙입니다. 누구도 다른 사람을 대신해서 투표를 해 줄 수 없고, 그럴 경우 그 표는 가치를 잃어 무효가 됩니다. 우리나라는 대통령, 국회 의원, 지방 자치 단체장 선거를 모두 직접 선거로 뽑습니다.

마지막 원칙은 '비밀 선거'입니다. 우리는 선거에서 누구를 뽑았는지에 대해 비밀을 보장해야 한다는 원칙입니다. 우리가 누구에게 투표했는지 다른 사람이 알지 못해야 합니다. 이것은 국민이 자신이 원하는 후보를 자유롭게 뽑을 수 있도록 하기 위해 생긴 원칙입니다. 이 원칙이 잘 보장되지 않는다면 국민은 어떤 후보를 뽑게끔 압력을 받을 가능성이 높아집니다. 그렇게 되면 공정하고 자유로운 선거를 치를 수 없습니다. 주로 독재 국가들이 선거를 치를 때 비밀 선거를 보장하지 않고 국민들을 압박해 특정 후보를 당선시킵니다. 그러므로 이 원칙은 공정한 민주주의를 위해 꼭 지켜야 합니다.

우리나라의 선거는 이 네 가지 원칙을 토대로 이루어지도록 합니다. 그럼으로써 국민이 가진 주권을 올바르게 행사할 수 있기 때문입니다.

 **낱말 찾기**

두두야. 잘 봐,
이 낱말들을 알면 더 쉽게 이해돼!

- ★ **정치인** : 정치를 맡아서 하는 사람.
- ★ **공직** : 국가 기관이나 공공 단체의 일을 맡아 보는 직책.
- ★ **공공 단체** : 국가로부터 업무를 위임받아 국가나 사회 구성원에 관한 행정을 맡아 처리하는 단체.
- ★ **보편적** : 모든 것에 두루 미치거나 통하는 것.
- ★ **공정** : 공평하고 올바름.
- ★ **원칙** : 일관되게 지켜야 하는 기본적인 규칙과 법칙.
- ★ **행사** : 어떤 일을 실제로 함.
- ★ **동등** : 등급이나 정도가 같음.
- ★ **당선** : 선거에서 뽑힘.

📋 두두에게 이 낱말을 설명해 주세요.

두두야, '**보편적**'이라는 말은

오, 근데 잠깐만!
인간, '보편적'이라는 말은
무슨 뜻이라고 했지?

 **진짜 읽기**

글을 잘 읽고 이해했는지 확인해 봅시다.
문제를 풀며 글을 한 번 더 찬찬히 읽어 보세요!

1. 6번째 문단의 제목을 붙인다면 무엇이 알맞을까요?

   ① 선거의 4대 원칙 ② 비밀 선거의 정의와 중요성
   ③ 직접 선거의 정의와 중요성 ④ 참정권과 선거

2. 다음 글에서 (ㄱ)과 (ㄴ)이 설명하는 말로 알맞은 것은 무엇일까요?

   (ㄱ) 어떤 조건 없이 누구나 투표할 권한을 가진다.
   (ㄴ) 선거에서는 누구도 대신해서 투표할 수 없으며 자신이 직접해야 한다.

   ① (ㄱ) 4대 원칙 (ㄴ) 간접 선거 ② (ㄱ) 평등 선거 (ㄴ) 보통 선거
   ③ (ㄱ) 4대 원칙 (ㄴ) 비밀 선거 ④ (ㄱ) 보통 선거 (ㄴ) 직접 선거

3. 선거의 4대 원칙에 대해 다음 빈칸을 채워 넣으세요.

   국민이 직접 정치에 참여하는 권리인 _____은 헌법에 보장된 기본 권리로, 반드시 지켜야 할 4대 원칙이 있습니다. _____는 _____ 이상인 국민이면 누구나 조건 없이 투표할 수 있는 원칙이고, 이 한 표는 모두 동등한 가치를 지닌다는 것이 바로 _____의 원칙입니다. _____는 자신이 직접 투표해야 한다는 원칙이고 _____는 선거에서 누구를 뽑았는지 비밀을 보장하는 원칙입니다.

✎ **한 줄 글쓰기!**

만일 참정권의 나이(현재 만 18세 이상)를 다시 정한다면 몇 살이 좋을까요? 그 이유도 함께 소개해 주세요.

더 깊은 배경지식을 위해 알아야 하는 민주주의와 정치 제도

우리나라를 비롯해 세계 많은 나라들은 민주주의로 정치를 펼치고 있어요. 국민들이 투표해서 정치를 할 대표자를 뽑는 형태로 정치를 하지요. 그렇다 보니 정치는 모두 민주주의로 다스린다고 생각할 수 있어요. 하지만 인간의 역사가 오래되었듯이 나라를 다스리는 방식인 정치 역시 오랜 세월 동안 수많은 변화를 거쳤답니다. 그만큼 정치 제도는 다양하고, 민주주의를 실현하는 방식도 여러 가지랍니다.

옛날, 신분제가 있고 왕이 나라를 통치하던 시절의 정치를 '왕정(王政)'이라고 부릅니다. 왕이 권력을 가지고 나라를 다스리고 그 권한을 대대로 자손에게 물려줍니다. 왕을 다른 말로 '군주'라고 하는데, 이런 방식의 정치 체제를 군주제(君主制)라고 합니다. 왕의 권력이 막강해 법이나 제도를 뛰어넘을 정도일 경우 '절대 군주제', 혹은 '전제 군주제(專制君主制)'라고 합니다. 우리나라도 옛날부터 오랜 시간 군주가 나라를 다스렸어요. 우리나라의 마지막 왕은 대한 제국 때 마지막 황제인 '순종'이지요.

하지만 왕이 나라를 다스리는 정치 체제는 18세기에 유럽에서 시민 혁명이 일어나면서 점차 사라졌습니다. 인권에 대한 의식이 높아지고, 시민 의식이 발달하면서 대다수의 나라들이 국민이 직접 정치에 참여하는 민주주의 제도로 나아가게 된 것이지요. 물론 현재도 군주제로 통치하는 국가가 적은 수로 남아 있기는 합니다. 대표적인 예로 사우디아라비아가 있습니다.

여전히 왕이 있지만 실질적으로 정치에는 관여하지 않고, 정치 기관이 따로 있는 경우도 있습니다. 이러한 정치 제도를 '입헌 군주제'라고 합니다. 대표적인 나라로는 영국이 있습니다. 군주가 있지만 헌법에 따른 형식적인 권한만 있으며, 주권은 국민에게 있고, 실질적으로 나라를 다스리는 권한과 책임은 의회에 있어요. 영국은 '의원 내각제'로 국민이 뽑은 의회에서 나라의 일을 할 '내각'을 만들어요. 이처럼 입헌 군주제와 의원 내각제는 현재 영국이 정치를 다스리는 제도입니다.

　군주제와 반대되는 개념으로, 국민이 주권을 지니고, 국민이 직접 뽑은 대표자로 나라를 다스리는 정치를 '공화제(共和制)'라고 합니다. 우리나라는 헌법 1조에 민주 공화국이라고 나와 있지요. 우리나라는 선거를 치러서 대통령과 국회 의원, 지방 자치 단체장과 같은 나라 일을 할 대표자들을 뽑습니다. 대통령을 중심으로 정부를 구성하는 정치 제도를 '대통령제'라고 하는데, 대표적인 나라로는 우리나라와 미국이 있습니다. 대통령제와 의원 내각제를 비교해 보면 대통령제는 정부를 독자적으로 구성하고, 의원 내각제는 정부를 의회가 구성한다는 점이 다릅니다.

　한편 종교의 힘이 막강해서 종교의 지도자가 나라를 다스리기도 합니다. 이러한 정치 체제를 '신권 정치제(神權政治制)' 줄여서 '신정'이라고 합니다. 고대에는 이런 나라가 많았는데 대표적인 예가 고대 이집트 왕 파라오입니다. 고대 이집트 사람들은 왕을 신의 대리자, 즉 신으로 여겨 숭배하고 왕의 말을 신의 말이라고 여겼습니다. 이처럼 종교와 정치가 나뉘어 있지 않은 것을 '제정일치(祭政一致)'라고 합니다. 종교의 경전이 곧 법과 같고, 종교의 해석에 따라 나라를 다스립니다. 과거에나 있을 법한 정치제도 같지만 하지만 현재도 신정 국가가 있습니다. 대표적으로 이란이 있습니다.

배경지식 쌓는 사회 이야기 01
인간 사회에서 나라는 어떻게 생겨났을까요?

1. ④ 인간 사회는 구석기를 사용하고 평등한 채집 수렵 사회에서 신석기 시대에 이르러 농경이 시작되었습니다. 이후 청동기를 쓰며 잉여식량이 생기면서 계급 사회가 되었습니다. 이후 철기가 등장하며 고대 국가가 나타납니다.
2. ③ 우리나라의 최초 국가 '고조선'은 청동기 시대에 탄생했습니다.
3. 군장 국가, 단군왕검, 부여, 옥저, 삼한, 고구려, 백제, 신라

배경지식을 쌓는 사회 이야기 02
오늘날 나라에는 세 가지가 필요해요

1. ① 국민은 어디에 있든 거주지와 상관없이 나라의 보호를 받고 법을 준수해야 합니다.
2. ④ 영토는 국가의 통치력이 닿는 땅을 말하며, 영토 주변의 바다와 하늘도 국가의 영역에 해당됩니다. 영토, 영해에서 난 자원은 그 나라의 소유물이 되고 영공도 그 나라의 영역이므로 허가를 받아야 합니다. 영토 내에서는 그 나라의 주권이 발휘되므로 국제 관계에서 영토는 매우 중요합니다.
3. 주권, 영토, 국민, 국방의 의무, 납세의 의무, 교육의 의무, 근로의 의무

배경지식을 쌓는 사회 이야기 03
세계는 어떤 나라들이 있을까요?

1. ③ 아프리카는 6대륙 중 두 번째로 넓은 땅으로, 4대 문명 중 하나인 이집트 문명이 꽃피어난 곳입니다. 다양한 민족들이 모여 살고 있지만 제국주의 국가들이 그어 버린 국경선으로 지금도 분쟁과 전쟁이 일어나고 있습니다.
2. ①, ③ 유럽은 서양 문화를 꽃피운 발상지로 유서 깊은 문화와 유적지가 많습니다. 아시아는 세계에서 가장 면적이 넓고 인구도 많습니다.
3. 콜럼버스, 신대륙, 인디언, 중앙아메리카, 마야 문명, 잉카 문명, 아즈텍 문명.

배경지식을 쌓는 사회 이야기 04
국제 사회를 이끄는 기구들이 나타났어요

1. ① 문단은 긴 글을 내용에 따라 나눌 때 하나의 이야기 토막을 말합니다. 이에 따라 '강대국들의 식민지 경쟁으로~'로 시작하는 문단이 2번째 문단입니다. 2번째 문단은 제1차 세계 대전과 제2차 세계 대전이 일어나서 전 세계가 어떤 피해를 입었는지를 살펴봅니다.
2. ③ 유니세프는 국제 아동 연합 기금의 줄임말로, 기아로 고통받는 어린이를 돕기 위한 국제기구입니다.
3. 세계 대전, 국제연합 혹은 유엔, 세계 보건 기구 혹은 WHO, 유엔 교육 과학 문화기구 혹은 유네스코

배경지식을 쌓는 사회 이야기 05
문화를 이루고 문화유산으로 남겨 주어요

1. ③ 고대 국가인 신라의 수도였던 경주 지역에는 신라의 문화가 담긴 유물과 유적이 많이 있습니다.
2. ②
3. 유형 문화재, 무형 문화재, 첨성대, 탈춤

배경지식을 쌓는 사회 이야기 06
도시가 발달하면서 다양한 갈등과 문제도 생겨납니다

1. ② 도시로 사람들이 더욱 몰려들어 집이 부족해지는 주거 문제가 심각해졌습니다.
2. ①, ④ 도시로 사람들이 빠져나가면서 촌락에 사는 인구가 줄어들어 일손이 부족해지고 고령화가 심각해졌습니다. 이에 대한 대책이 필요합니다. 또한 환경오염이 심각해져 이를 해결할 방안을 마련해야 합니다.
3. 러시아워, 환경 오염, 님비 현상

배경지식을 쌓는 사회 이야기 07
지구의 위치는 위도와 경도로 표시합니다

1. ① 문단은 긴 글을 내용에 따라 나눌 때 하나의 이야기 토막을 말합니다. 이에 따라 '경도는 시간과 관련~'로 시작하는 문단이 6번째 문단입니다. 6번째 문단은 경도가 시간과 어떻게 관련이 있는지를 설명합니다.
2. ③ 위도는 고위도로 갈수록 기온이 낮아지며, 우리나라는 동반구에 위치해 시간이 빠른 편입니다. 날짜 변경선은 경도로 정해지므로 지구 좌표면에서 세로선에 해당합니다.
3. 가로선, 적도, 본초 자오선, 동서, 북위33°~43°, 동경 124°~132°

배경지식을 쌓는 사회 이야기 08
우리 주변에는 어떤 나라가 있을까요?

1. ④
2. ② 동북아시아의 세 나라는 오랜 기간 나라를 유지하며 때로는 협력하고 때로는 침략을 하거나 침략당하는 관계에 있었습니다.
3. 바다 혹은 바닷길, 무역 혹은 수출, 중국, 아시아

배경지식을 쌓는 사회 이야기 09
우리나라의 산맥과 강, 평야에 대해 알아보아요

1. ③ 태백산맥은 한반도의 동쪽에 치우쳐져 있습니다.
2. ① 차령산맥 ② 금강 ③ 한강 ④ 분지
3. 태백산맥, 하천, 식수원, 호남 평야, 김포 평야, 나주 평야

배경지식을 쌓는 사회 이야기 10
위도에 따라 기후가 달라져요

1. ③ 우리나라는 계절에 따라 기온이 크게 차이 납니다. 연간 기온 차이가 40°C 이상 차이가 나므로 여름철 더위와 겨울철 추위에 모두 대비해야 합니다.
2. ④
3. 20, 남쪽, 장마, 울릉도

배경지식을 쌓는 사회 이야기 11
우리나라는 대륙성 기후가 나타나고 계절풍이 불어요

1. ① 연교차 ② 내륙 ③ 시베리아 ④ 편서풍
2. ③ 대륙성 기후는 연교차와 일교차가 크다는 특징이 있습니다.
3. 계절풍, 남동풍, 시베리아 북서풍, 편서풍, 푄현상, 높새바람

배경지식을 쌓는 사회 이야기 12
환경오염과 기후 위기로 인해 자연재해가 심해져요

1. ①, ④ 태풍 피해를 막기 위해서는 방파제와 배수 시설을 잘 갖추어야 합니다. 재해는 자연현상이기도 하지만 인간의 산업 활동이 주요 원인인 지구 온난화로 일어나기도 합니다.
2. ④
3. 벵골만, 호주와 미국, 빙하, 해수면 상승, 재생 에너지

배경지식 쌓는 사회 이야기 13
경제는 우리 사회를 뒷받침하는 중요한 활동이에요

1. ② 문단은 긴 글을 내용에 따라 나눌 때 하나의 이야기 토막을 말합니다. 이에 따라 '이번에는 분배 활동에 대해~'로 시작하는 문단이 3번째 문단입니다. 3번째 문단은 경제 활동 중 분배 활동이 무엇인지 알려 주며, 이에 따른 소득에 대해 이야기합니다.
2. ①, ③ 생산이 잘되면 생산자나 기업이 이익이 늘기 쉬워 이에 따른 개인의 소득도 늘게 됩니다. 경제가 좋으려면 생산과 분배, 소비라는 세 활동이 모두 잘 이루어져야 합니다.
3. 생산 활동, 분배 활동, 소비 활동, 재화, 서비스, 소득, 임금

배경지식 쌓는 사회 이야기 14
보이지 않는 손이 가격을 만든다고요?

1. ① 사유 재산, 시장 경제 ② 가격 ③ 수요와 공급 ④ 수요, 공급
2. ①
3. 거래, 사유 재산, 가격, 수요, 공급, 보이지 않는 손

배경지식 쌓는 사회 이야기 15
물건은 유통을 거쳐 소비자에게 와요

1. ③ 물건은 생산자에서 출발해 유통 과정을 거쳐 소비자에게 도달합니다.
2. ④ A는 소비자 근처에서 쉽게 물건이나 서비스를 사거나 이용하는 상점입니다. B는 생산지에서 한꺼번에 많은 물건을 사서 파는 도매시장입니다.
3. 유통, 도매상, 소매상, 대형마트, 온라인 상점

배경지식 쌓는 사회 이야기 16
마케팅과 광고로 더 많은 물건을 사게 돼요

1. ① 과장 광고 ② 비판적으로 ③ 마케팅 전략 ④ 과소비
2. ②, ③ 광고와 마케팅은 상품을 알리고 판매하는 활동이지만 때로는 거짓과 과장이 섞여 있기도 해요. 그에 따라 소비자의 과소비나 충동구매를 부추길 수도 있어 비판적으로 잘 살펴봐야 합니다.
3. 광고, 마케팅, 소비자, 충동구매, 과소비

배경지식 쌓는 사회 이야기 17
가계, 기업, 정부, 이 셋이 경제를 움직여요

1. ① 정부는 경제를 이끄는 주체로 세금을 걷어 나라를 운영해 나갑니다. 또한 기업이 무역으로 잘 성장할 수 있도록 돕는 역할을 합니다.
2. ① 임금 ② 이익 ③ 공정한 ④ 균형 있게
3. 가정, 기업, 정부, 이익, 세금, 공정거래위원회

배경지식 쌓는 사회 이야기 18
과학 기술로 네 번의 산업 혁명이 일어났습니다

1. ② 1차 산업 혁명은 증기 기관의 발명으로 대량 생산이 가능해졌고, 2차 산업 혁명은 전기 기술이 널리 쓰이며 전기 혁명으로도 불립니다. 3차 산업 혁명은 컴퓨터 통신 기술의 발달로 일어났으며 4차 산업 혁명은 데이터와 인공지능 기술이 핵심입니다.
2. 2차 산업 혁명 시기에 무게가 가벼운 경공업에서 발전된 전기 기술과 화학 기술로 중화학 공업으로 산업 중심이 바뀌었습니다. 그에 따라 대기업이 나타났고 대량 생산이 시작되었습니다.
3. 과학 기술, 증기 기관, 대량 생산, 정보 통신, 데이터, 인공지능

배경지식 쌓는 사회 이야기 19
우리나라의 행정 구역을 살펴봅니다

1. ③
2. ② 강원은 특별자치도에 해당합니다.
3. 17, 서울, 특별시, 광역시, 도, 3, 1, 행정 기관

배경지식 쌓는 사회 이야기 20
인권에 대해 알아보아요

1. ② 인간이 천부인권을 인정받게 된 것은 신분제가 무너진 뒤의 일입니다.

2. ③ 인권은 개인의 자유와 권리를 보장받을 권리를 기본으로 합니다. 우리는 자유롭게 자기 생각을 말하고 일할 수 있는 권리가 있습니다.
3. 신분제, 시민 혁명, 인간답게, 세계 대전, 세계 인권 선언

배경지식 쌓는 사회 이야기 21
민주주의는 무엇일까요?

1. ② 군주제는 왕이 다스리는 정치이고, 절대 군주제는 왕명을 거스를 수 없는 정치를 말합니다.
2. ② 국민은 대통령, 국회의원, 지방자치단체장을 선거로 뽑습니다.
3. 국민, 헌법, 민주 공화국, 선거, 주권

배경지식 쌓는 사회 이야기 22
법과 법치주의에 대해 알아보아요

1. ①, ③ 법은 강제성이 있어 법을 어길 경우 처벌을 받습니다. 법률은 국회에서 만들고 명령은 정부에서 만듭니다.
2. ④ 헌법이 가장 높은 최고법이며, 그 다음 지위 순서로는 법률, 명령, 조례, 규칙이 있습니다.
3. 법치주의, 민법, 형법, 상법, 명령, 조례, 규칙

배경지식 쌓는 사회 이야기 23
삼권분립에 대해 알아보아요!

1. ① 입법, 국회 ② 3차례 ③ 기획재정부 ④ 독재
2. ③ 법의 잘못된 판단으로 억울한 사람이 나오지 않도록 한 사건에 대해 3번 재판을 하는 3심 제도를 운영하는 것은 법원의 일입니다.
3. 입법부, 3심 제도, 행정부, 삼권 분립, 독재

배경지식 쌓는 사회 이야기 24
선거에는 중요한 네 가지 원칙이 있습니다

1. ② 문단은 긴 글을 내용에 따라 나눌 때 하나의 이야기 토막을 말합니다. 이에 따라 '마지막 원칙은 '비밀 선거'~~'로 시작하는 문단이 6번째 문단입니다. 6번째 문단은 선거의 4대 원칙 중 비밀 선거가 무엇인지, 얼마나 중요한지를 설명합니다.
2. ④ 누구나 어떤 조건 없이 선거에 참여하는 원칙은 보통 선거의 원칙이고, 반드시 자기 자신이 투표해야 하는 것은 직접 선거의 원칙입니다.
3. 참정권, 보통 선거, 만 18세, 평등 선거, 직접 선거, 비밀 선거